A GREEK READER

FOR SCHOOLS

ADAPTED FROM

AESOP THEOPHRASTUS LUCIAN

HERODOTUS THUCYDIDES XENOPHON PLATO

EDITED

WITH INTRODUCTIONS, NOTES, AND VOCABULARIES

BY

C. E. FREEMAN, M.A.

SOMETIME ASSISTANT MASTER AT WESTMINSTER

AND

W. D. LOWE, Litt.D., M.A.

BURSAR AND SENIOR CENSOR UNIVERSITY COLLEGE, DURHAM

OXFORD
AT THE CLARENDON PRESS

CONTENTS

FIRST PUBLISHED 1917
REPRINTED 1920, 1921, 1923, 1928, 1931, 1936, 1940,
1946, 1947, 1950, 1953, 1956, 1961, 1966, 1972
PRINTED IN GREAT BRITAIN

PREFACE

THIS Reader was designed several years ago by Mr. W. D. Lowe. He had selected and adapted a considerable amount of material for it when his military duties made it impossible for him to continue the work. It was then entrusted to me for completion. I have used much of Mr. Lowe's material, but I have added largely to it, and for the final form and arrangement of the whole I alone am responsible.

The book is an attempt to make real Greek literature easy enough for those who have a fair knowledge of elementary grammar. For this purpose much of the original text has been omitted, and in some cases it has been necessary to simplify sentences and phrases, but very little that is actually new has been introduced.

The extracts are grouped together under their respective authors, and those that deal with history are arranged, with a few unimportant exceptions, in chronological order. No effort has been made to graduate the book in difficulty throughout, but the first part, taken from Æsop, Theophrastus, and Lucian, with the help given in the notes, is probably the easiest, and it is certainly easier than the extracts from Plato at the end; the rest of the text, taken from Herodotus, Thucydides, and Xenophon, does not, to the best of my judgment, vary much in difficulty. The whole is divided into sections of about uniform length except when strict adherence to this plan would produce obvious inconvenience. A short introduction is prefixed to the extracts taken from each author.

As the interest of the narratives is not limited by the separate sections, but is usually continuous for a number of pages, it is desirable that the book should be read quickly, and it is hoped that the notes give enough simple information to enable this to be done with intelligence, their chief purpose being to explain any difficulties that could not be removed from the text and, especially in the earlier sections, to prevent waste of time in looking for the less obvious parts of verbs.

I wish to thank my friend, Mr. M. T. Tatham, for kindly reading the text and making some very useful criticisms on it.

C. E. FREEMAN.

Oxford, 1916.

GREEK READER

AESOP'S FABLES

AESOP (Αἴσωπος) lived between 500 and 600 B.C., and was a contemporary of Solon and of Croesus, king of Lydia. Very little is known about him except that in the following century his Fables had a great reputation; they are noticed by Aristophanes and Plato. If he committed them to writing, none have come down to us. More than four hundred, attributed to him, are extant; but it is certain that they were written by others long after his death.

1. *The Cock and the Robbers.*

Κλέπται, εἰς οἰκίαν τινὰ εἰσελθόντες, οὐδὲν εὗρον ὅτι μὴ ἀλεκτρυόνα, καὶ τοῦτον λαβόντες ἀπῇσαν. ὡς δὲ ἔμελλε θύεσθαι, ἐδεῖτο τῶν κλεπτῶν μὴ ἀποκτεῖναι αὐτόν, λέγων χρήσιμος εἶναι τοῖς ἀνθρώποις, νυκτὸς αὐτοὺς ἐπὶ τὰ ἔργα ἐγείρων. οἱ δὲ ἔφασαν, "ἀλλὰ διὰ τοῦτό σε μᾶλλον 5 θύομεν· ἐκείνους γὰρ ἐγείρων, κλέπτειν ἡμᾶς οὐκ ἐᾷς."

2. *The Tortoise and its Home.*

Ζεύς, γάμους ἑστιᾶν μέλλων, πάντα τὰ ζῷα συνεκά-λεσεν. μόνης δὲ τῆς χελώνης ὑστερησάσης, ἀγνοῶν τὴν αἰτίαν ἤρετο αὐτήν, "διὰ τί μόνη ἐπὶ τὸ δεῖπνον οὐκ ἦλθες;" τῆς δὲ εἰπούσης, "οἶκος φίλος, οἶκος ἄριστος," 10 ἀγανακτήσας ἐκέλευσεν αὐτὴν τὸν οἶκον περιφέρουσαν διατελεῖν.

3. The cry of "Wolf".

Ποιμήν, ἐξελαύνων τὰ πρόβατα ἀπὸ **κώμης** εἰς τοὺς
ἀγρούς, διετέλει τοιαύτῃ παιδιᾷ χρώμενος. ἐπιβοῶν γὰρ
τοῖς κωμήταις βοηθεῖν, ἔλεγεν ὡς λύκοι τῇ ποίμνῃ ἐπῆλθον.
καὶ δὶς καὶ τρὶς τῶν κωμητῶν σπουδῇ πολλῇ βοηθησάντων,
5 εἶτα μετὰ γέλωτος οἴκαδε ἀπελθόντων, συνέβη τὸ τελευ-
ταῖον τῇ ἀληθείᾳ λύκους ἐπελθεῖν. διαφθειρομένων δὲ τῶν
προβάτων, ὁ μὲν ποιμὴν ὡς τὸ πρὶν ἐπεβόα, ἐκεῖνοι δὲ
ὑπολαβόντες αὐτὸν παίζειν κατὰ τὸ ἔθος, ἐν ὀλιγωρίᾳ
ἐποιοῦντο. καὶ οὕτως συνέβη αὐτὸν ἀπολέσαι τὰ πρόβατα.

4. The Fox and the Goat.

10 Ἀλώπηξ, πεσοῦσα ἐς φρέαρ, ἔμενεν ἐπάναγκες. τράγος
δὲ διψῶν ἦλθε πρὸς τὸ αὐτὸ φρέαρ καὶ ἤρετο αὐτὴν εἰ
καλὸν εἴη τὸ ὕδωρ. ἡ δὲ ἐπῄνει τὸ ὕδωρ, λέγουσα ὅτι
χρηστὸν εἴη, καὶ καταβῆναι αὐτῷ συνεβούλευεν. ὁ δὲ
ἀλογίστως κατῆλθε καὶ, ἡδέως πιὼν τὸ ὕδωρ, μετὰ τῆς
15 ἀλώπεκος ἐσκόπει τὴν ἄνοδον. καὶ ἡ ἀλώπηξ χρήσιμόν τι
ἔφη ἐπινενοηκέναι εἰς τὴν ἀμφοτέρων σωτηρίαν· " ἐὰν γὰρ
ἐθελήσῃς τοὺς πόδας τῷ τοίχῳ προσερεῖσαι, ἀναβᾶσα διὰ
τοῦ σοῦ νώτου καὶ σὲ ἀναβιβῶ." οὕτως οὖν ἡ ἀλώπηξ
περιγενομένη ἀπῄει· τοῦ δὲ τράγου μεμφομένου αὐτῇ ὡς
20 τὸν ἑταῖρον προδιδούσῃ, εἶπεν, " εἰ σοφίαν εἶχες τῷ τοῦ
πώγωνος μεγέθει ἴσην, οὐκ ἂν κατέβης."

5. The Dancing Apes.

Βασιλεύς τις Αἰγύπτιος πιθήκους ποτὲ ὀρχεῖσθαι ἐδίδα-
ξεν. καὶ τὰ θηρία, μιμεῖται γὰρ προθυμότατα τοὺς
ἀνθρώπους, διὰ ταχέων μαθόντα καλῶς ὠρχεῖτο, φοροῦντα
25 ἱμάτια καὶ πρόσωπα· καὶ πολὺν μὲν χρόνον οὗτοι οἱ
πίθηκοι μάλιστα εὐδοκίμουν· τέλος δὲ θεατής τις ἀστεῖος,

κάρυα ἐν κόλπῳ ἔχων, ἀφῆκεν ἐς τὸ μέσον. οἱ δὲ πίθηκοι
ἰδόντες ἐπαύσαντο ὀρχούμενοι καὶ πίθηκοι ἐγένοντο ἀντὶ
ὀρχηστῶν· καὶ τά τε ἱμάτια καὶ τὰ πρόσωπα ἀποβαλόντες
ἐμάχοντο περὶ τῶν καρύων πρὸς ἀλλήλους.

6. The Ape and the Dolphin.

Ἀνήρ τις, πλέων ἐς τὰς Ἀθήνας, εἶχεν ἐν τῇ νηὶ πίθηκον. 5
γενομένων δὲ αὐτῶν κατὰ Σούνιον, τὸ τῆς Ἀττικῆς ἀκρω-
τήριον, χειμῶνα σφοδρὸν συνέβη γενέσθαι. τῆς δὲ νεὼς
περιτραπείσης καὶ πάντων ἐν τῇ θαλάττῃ νεόντων, ἔνει καὶ
ὁ πίθηκος. δελφὶς δέ τις αὐτὸν ἰδὼν καὶ ἄνθρωπον εἶναι
ἡγησάμενος, ἀνεῖχε διακομίζων εἰς τὴν γῆν. ὡς δὲ κατὰ 10
τὸν Πειραιᾶ ἐγένετο, τὸ τῶν Ἀθηναίων ἐπίνειον, ἐπυν-
θάνετο τοῦ πιθήκου, εἰ τὸ γένος ἐστὶν Ἀθηναῖος. τοῦ δὲ
εἰπόντος ὅτι Ἀθηναῖός τέ ἐστι, καὶ οἱ γονεῖς ἐν τῇ πόλει
λαμπρότατοι, ἐπήρετο εἰ καὶ τὸν Πειραιᾶ ἐπίσταται.
ὑπολαβὼν δὲ ὁ πίθηκος περὶ ἀνθρώπου αὐτὸν λέγειν, ἔφη 15
τὸν Πειραιᾶ καὶ μάλα φίλον αὐτῷ εἶναι καὶ συνήθη. καὶ
ὁ δελφίς, τοιούτῳ ψεύδει ἀγανακτήσας, κατακολυμβῶν
αὐτὸν ἀπέκτεινεν.

7. The Father and the Son.

Γέρων τις δειλὸς υἱὸν ἔχων μονογενῆ, γενναῖον ὄντα καὶ
τοῦ κυνηγετεῖν ἐφιέμενον, εἶδε τοῦτον ἐν ὕπνῳ ὑπὸ λέοντος 20
ἀναλωθέντα. φοβηθεὶς δὲ μή πως ἀληθὴς εἴη ὁ ὄνειρος,
οἴκημα κάλλιστον κατεσκεύασεν, ἐν ᾧ τὸν παῖδα ἐφύ-
λαττεν. ἐζωγράφησε δὲ ἐν τῷ οἰκήματι πρὸς τέρψιν τοῦ
υἱοῦ παντοῖα ζῷα, ἐν οἷς ἦν καὶ λέων. ὁ δὲ ταῦτα ὁρῶν
πλείονα λύπην εἶχεν. καὶ δή ποτε πλησίον τοῦ λέοντος 25
στὰς εἶπεν· " ὦ κάκιστον θηρίον, διὰ σὲ καὶ τὸν ψευδῆ
ὄνειρον τοῦ ἐμοῦ πατρὸς τῇδε τῇ οἰκίᾳ κατεκλείσθην."

καὶ ταῦτα εἰπὼν ἐπέβαλε τῷ τοίχῳ τὴν χεῖρα, ἐκτυφλῶσαι
τὸν λέοντα ἐθέλων. τοῦ δὲ δακτύλου σκόλοπι τραυματι-
σθέντος καὶ πυρετοῦ ἐπιγενομένου, οὐ πολλῷ ὕστερον
ἀθέπανεν. ὁ δὲ λέων καὶ οὕτως ἀνεῖλε τὸν παῖδα, τῷ τοῦ
5 πατρὸς σοφίσματι οὐδὲν ὠφεληθέντα.

8. The Lion and the Dolphin.

Λέων ἐν τῷ αἰγιαλῷ πλανώμενος, ὡς εἶδε δελφῖνα διὰ
τῆς θαλάττης νέοντα, εἰς συμμαχίαν παρεκάλεσε, λέγων ὅτι
δεῖ φίλους καὶ βοηθοὺς ἀλλήλοις γενέσθαι· "σὺ μὲν γὰρ
τῶν θαλαττίων ζῴων, ἐγὼ δὲ τῶν χερσαίων εἰμὶ βασιλεύς."
10 τοῦ δὲ ἀσμένου ὁμολογήσαντος, ὁ λέων μετ' οὐ πολὺν
χρόνον, πρὸς ταῦρον ἄγριον μαχόμενος, τὸν δελφῖνα εἰς
βοήθειαν παρεκάλει· ὡς δὲ ἐκεῖνος βουλόμενος ἐκβῆναι ἐκ
τῆς θαλάττης οὐκ ἠδύνατο, ἠτιᾶτο αὐτὸν ὁ λέων ὡς προ-
δότην. ὁ δὲ ὑπολαβὼν εἶπεν, "ἀλλὰ μὴ ἐμοὶ μέμφου,
15 μᾶλλον δὲ τῇ φύσει, ἥτις με θαλαττίαν ποιήσασα τῆς γῆς
οὐκ ἐᾷ ἐπιβῆναι."

THE CHARACTERS OF THEOPHRASTUS

Theophrastus was born in Lesbos and in early life came to
Athens, where he gained a great reputation as a writer and
a teacher of philosophy. The date of his birth is uncertain ;
he died, an old man, in 287 B.C. Of his numerous works
most have been lost ; the best known of those that survive is
a collection of thirty " characters ", from which the following
extracts are taken. These sketches are of great interest,
because they illustrate the Athenian notion of the Boor, the
Officious Man, &c., by telling us the things that such persons
might be expected to do ; and they are full of details about
commonplace life and talk that cannot be found in any formal
history.

9. *The Flatterer.*

Ὁ κόλαξ μετ' ἄλλου τινὸς πορευόμενος φιλεῖ εἰπεῖν·
" ὁρᾷς ὡς ἀποβλέπουσι πρὸς σὲ οἱ ἄνθρωποι ; σοὶ δὲ μόνῳ
τῶν ἐν τῇ πόλει τοῦτο γίγνεται. εὐδοκίμεις χθὲς ἐν τῇ
ἀγορᾷ· πλεόνων γὰρ ἢ τριάκοντα ἀνθρώπων παρόντων
καὶ τίς εἴη ὁ βέλτιστος σκοπούντων, πάντες ὡμολόγουν σὲ 5
εἶναι βέλτιστον." λέγοντος δὲ αὐτοῦ τι, ὁ κόλαξ κελεύει
τοὺς ἄλλους σιγᾶν, καὶ ἐπαινεῖ αὐτὸν ἀκούοντα, καὶ ὠθεῖ τὸ
ἱμάτιον εἰς τὸ στόμα, σκώψαντος αὐτοῦ, ὡς οὐ δυνάμενος
κατέχειν τὸν γέλωτα· καὶ τοὺς ἀπαντῶντας ἐπιστῆναι
κελεύει, ἕως ἂν αὐτὸς παρέλθῃ. καὶ τοῖς παιδίοις μῆλα δίδω- 10
σιν, ὁρῶντος αὐτοῦ, καὶ φιλήσας λέγει, " χρηστοῦ πατρὸς
νεόττια." καὶ ἐστιώμενος ἐπαινεῖ τὸν οἶνον, καὶ λαβών τι
ἀπὸ τῆς τραπέζης φησίν, " ὡς χρηστόν ἐστι τοῦτο." καὶ
λέγει τὴν οἰκίαν εἶναι καλλίστην καὶ τὴν εἰκόνα ὁμοίαν.

10. *The Grumbler.*

Ὁ μεμψίμοιρος, ἀποστείλαντος μερίδα τῶν σιτίων τοῦ 15
φίλου, λέγει πρὸς τὸν φέροντα, " ἐφθόνησέ μοι τοῦ ζωμοῦ
καὶ τοῦ οἰναρίου, οὐκ ἐπὶ δεῖπνον καλέσας." καὶ τῷ Διὶ
ἀγανακτεῖ, οὐ διότι ὕει, ἀλλὰ διότι ὕστερον. καὶ εὑρὼν
ἐν τῇ ὁδῷ βαλλάντιον λέγει, " ἀλλ' οὐ θησαυρὸν εὕρηκα
οὐδέποτε." καὶ πρὸς τὸν εὐαγγελιζόμενον ὅτι " υἱός σοι 20
γέγονεν," λέγει ὅτι " ἐὰν προσθῇς, ' καὶ τῆς οὐσίας τὸ
ἥμισυ ἄπεστιν,' ἀληθῆ ἐρεῖς."

11. *The Distrustful Man.*

Ὁ ἄπιστος, ἀποστείλας τὸν παῖδα ὀψωνήσοντα, ἕτερον
παῖδα πέμπει πευσόμενον, πόσου ἐπρίατο. καὶ φέρει

αὐτὸς τὸ ἀργύριον, καὶ πολλάκις καθίζων ἀριθμεῖ πόσον
ἐστίν. καὶ ἐν κλίνῃ κατακείμενος τὴν γυναῖκα τὴν αὑτοῦ
ἐρωτᾷ, εἰ κέκλεικε τὴν κιβωτόν, καὶ εἰ σεσήμανται τὸ
κυλιούχιον, καὶ εἰ ὁ μοχλὸς εἰς τὴν θύραν τὴν αὐλείαν
5 ἐμβέβληται· καὶ ἐὰν ἐκείνη φῇ, οὐχ ἧττον αὐτὸς ἀναστὰς
γυμνὸς ἐκ τῶν στρωμάτων, καὶ ἀνυπόδητος, τὸν λύχνον
ἅψας, ταῦτα πάντα περιτρέχων ἐπισκοπεῖ, καὶ οὕτω μόλις
ὕπνου τυγχάνει. καὶ εἴ τινες ὀφείλουσιν αὐτῷ ἀργύριον,
μετὰ μαρτύρων ἀπαιτεῖ, ὅπως μὴ δύνωνται ἐξαρνεῖσθαι.
10 καὶ τὸν παῖδα ἀκολουθοῦντα κελεύει ὄπισθεν αὑτοῦ μὴ
βαδίζειν, ἀλλ' ἔμπροσθεν, ἵνα φυλάττῃ αὐτόν, μὴ ἐν τῇ
ὁδῷ ἀποδρᾷ.

12. The Newsmaker.

Ὁ λογοποιός, ἀπαντήσας τῷ φίλῳ, εὐθὺς μειδιάσας
ἐρωτᾷ, "πόθεν σύ ;" καὶ "τί λέγεις ; ἔχεις περὶ τοῦδε
15 εἰπεῖν καινόν ;" καὶ αὖθις ἐρωτᾷ· "μὴ λέγεταί τι καινό-
τερον ; καὶ μὴν ἀγαθά ἐστι τὰ λεγόμενα." καὶ οὐκ ἐάσας
σε ἀποκρίνασθαι, φήσει· "τί λέγεις ; οὐδὲν ἀκήκοας ; δοκῶ
μοι καινῶν λόγων σοι ἄγγελος ἔσεσθαι." καὶ ἔστιν αὐτῷ
στρατιώτης τις, παραγεγονὼς ἐξ αὐτῆς τῆς μάχης, ἀφ' οὗ
20 φησιν ἀκηκοέναι τὰ πάντα. διηγεῖται δέ, τοῦτον φάσκων
λέγειν, ὡς Πολυσπέρχων καὶ ὁ βασιλεὺς μάχῃ νενίκηκεν,
καὶ ὁ Κάσανδρος ἐζώγρηται· καὶ ἐὰν εἴπῃ τις αὐτῷ, "σὺ
δὲ ταῦτα πιστεύεις ;" φήσει, "τὸ πρᾶγμα περιβόητόν
ἐστιν ἐν τῇ πόλει, καὶ πάντες συμφωνοῦσιν· ταὐτὰ γὰρ
25 λέγουσι περὶ τῆς μάχης· καὶ πολὺς ὁ ζωμὸς γέγονεν."
καὶ "δυστυχὴς Κάσανδρος· ὦ ταλαίπωρος· ἀλλ' ἰσχυρός
ποτε ἐγένετο." καὶ "δεῖ δὲ αὐτόν σε μόνον εἰδέναι." πᾶσι
δὲ τοῖς ἐν τῇ πόλει προσδεδράμηκε λέγων.

13. *The Officious Man.*

Ὁ περίεργος πλείω οἶνον ἀναγκάζει τὸν παῖδα κεράσαι ἢ ὅσον δύνανται οἱ παρόντες ἐκπιεῖν. καὶ διείργει τοὺς μαχομένους, καὶ οὓς οὐ γιγνώσκει. καὶ ἀτραποῦ ἡγεμών ἐστιν, εἶτα οὐ δύναται εὑρεῖν οὗ πορεύεται. καὶ τὸν στρατηγὸν προσελθὼν ἐρωτᾷ, πότε μέλλει παρατάττεσθαι 5 τοὺς στρατιώτας. καὶ προσελθὼν τῷ πατρὶ λέγει, ὅτι ἡ μήτηρ ἤδη καθεύδει ἐν τῷ δωματίῳ. καὶ ἀπαγορεύοντος τοῦ ἰατροῦ μὴ δοῦναι οἶνον τῷ νοσοῦντι, λέγει βούλεσθαι διάπειραν λαμβάνειν τὸν κακῶς ἔχοντα ὠφελῆσαι. καὶ γυναικὸς τελευτησάσης, ἐπὶ τὸ μνῆμα ἐπιγράφει τοῦ τε 10 ἀνδρὸς αὐτῆς καὶ τοῦ πατρὸς καὶ τῆς μητρὸς καὶ αὐτῆς τῆς γυναικὸς τὸ ὄνομα, καὶ ποδαπή ἐστι, καὶ προσεπιγράφει ὅτι οὗτοι πάντες χρηστοὶ ἦσαν. καὶ ὀμνύναι μέλλων λέγει πρὸς τοὺς περιεστηκότας, ὅτι " καὶ πρότερον πολλάκις ὀμώμοκα." 15

14. *The Boor.*

Ὁ ἄγροικος μείζω τοῦ ποδὸς τὰ ὑποδήματα φορεῖ, καὶ μεγάλῃ τῇ φωνῇ λαλεῖ. καὶ τοῖς μὲν φίλοις καὶ οἰκείοις ἀπιστεῖ, πρὸς δὲ τοὺς αὑτοῦ οἰκέτας διαλέγεται περὶ τῶν μεγίστων. καὶ τοῖς παρ' αὑτῷ ἐργαζομένοις μισθωτοῖς ἐν ἀγρῷ πάντα τὰ ἐν τῇ ἐκκλησίᾳ εἰρημένα διηγεῖται. καὶ 20 ἄλλο μὲν οὐδέν, καίπερ ἀπροσδόκητον ὄν, θαυμάζει ἐν ταῖς ὁδοῖς, ὅταν δὲ ἴδῃ βοῦν ἢ ὄνον ἢ τράγον, ἑστηκὼς θεωρεῖ. καὶ τὸν κύνα προσκαλεσάμενος, καὶ ἐπιλαβόμενος τοῦ ῥύγχους, λέγει, " οὗτος φυλάττει τὸ χωρίον καὶ τὴν οἰκίαν." καὶ εἰς ἄστυ καταβαίνων ἐρωτᾷ τὸν ἀπαντῶντα, 25 πόσου ἦσαν αἱ διφθέραι καὶ τὸ τάριχος· καὶ ἐν βαλανείῳ ᾄδει· καὶ ἐς τὰ ὑποδήματα ἥλους ἐγκρούει.

THE DIALOGUES OF LUCIAN

Lucian (Λουκιανός) was born at Sarmosata, a town on the
Euphrates, about A.D. 120. While he was still young, he left
home and travelled in Egypt, Italy, Greece, and other countries,
making his livelihood by the teaching of rhetoric. After this
he settled for some time at Athens, and late in life went to
Alexandria, where he had received a valuable appointment.
He died about A.D. 200.

He belongs to a period much later than the great age of
Greek literature, but he was wonderfully successful in imitating
the style and language of the masters of Attic prose. Much
of his work has come down to us, and his Dialogues are famous.
In the *Timon*, as elsewhere, he ridicules the popular religion
of the day, representing the gods as weak and selfish, and
agitated by continual fear that men will deprive them of their
sacrifices; and he attacks the flatterers and toadies, who prey
upon the rich and foolish. We are not expected in the least
to sympathize with Timon, who has lost all his money by
squandering it on unworthy creatures, and who is quite in-
capable of using it well when he recovers it.

Timon is not an imaginary character; he was a wealthy
Athenian, who lived in the fifth century B.C. He was reduced
to poverty by wasting his substance on parasites and flatterers
and, disgusted by their ingratitude, went into the country to
live a solitary life as a " misanthrope ".

*(A farm near Athens at the foot of Mount Hymettus. Timon
is digging, dressed in a labourer's coat of goat-skin. He stops
work, and, leaning on his spade, complains of the faithless
friends on whom he has spent his wealth, and calls upon Zeus
to punish them.)*

15. TIMON. Ὦ Ζεῦ, ποῦ νῦν σοὶ ἡ ἀστραπὴ καὶ ἡ
βροντή; ἐπεὶ νέος ἔτι ὢν πολλὰ κατ᾽ ἀδίκων ἐποίεις, καὶ

ὁ κεραυνὸς ἀεὶ ἔνεργος ἦν, ὄμβροις δὲ καὶ σεισμοῖς ἐκόλαζες
αὐτούς· καὶ τοσοῦτοι ἦσαν οἱ ὑετοὶ ὥστε κατακλυσμός τις
μέγιστος καὶ δεινοτάτη δὴ ναυαγία ἐπὶ τοῦ Δευκαλίωνος
ἐγένετο, καὶ μόγις ἔν τι κιβώτιον περιεσώθη, προσοκείλαν
τῷ Παρνασῷ. νῦν δὲ εἰ ῥάθυμος, οἱ δὲ ἄνθρωποι ἀτιμά- 5
ζουσί σε καὶ τὸν νεὼν συλῶσιν, οὔτε θύοντες ἔτι σοι, οὔτε
τὰ ἀγάλματα στεφανοῦντες· καὶ οὐ διὰ μακροῦ, ὦ θεῶν
γενναιότατε, ὥσπερ Κρόνον, ἐκβαλοῦσί σε τῆς ἀρχῆς.
ἀπόβλεπε δὲ πρὸς τὰ ἐμά· πολλοὺς γὰρ τῶν Ἀθηναίων
πλουσίους ἐκ πενεστάτων ἐποίησα, ἐκχέας τὸν πλοῦτον· 10
ὕστερον δὲ διὰ ταῦτα πένης γενόμενος οὐδὲ γνωρίζομαι
ὑπὸ τούτων· διὸ λαβὼν διφθέραν καὶ δίκελλαν ἐργάζομαι
μισθοφορῶν. ἤδη οὖν, ὦ Κρόνου υἱέ, ἴσθι ἀνδρεῖος καὶ
νεανικός.

(*Olympus. Zeus, Hermes, and Wealth, who is blind. Zeus,
hearing of Timon's misfortunes, determines to enrich him again
on account of his former generosity to the gods; and he sends
Wealth back to him.*)

16. ZEUS. Τίς οὗτός ἐστιν, ὦ Ἑρμῆ, ὁ βοῶν ἐκ τῆς 15
Ἀττικῆς; σκάπτει δή, οἶμαι, ὑποδίφθερος. λάλος γε
ἄνθρωπός ἐστι καί, ὡς ἔοικε, φιλόσοφος· ἀσελγέστατα
γὰρ ἔλεγε καθ' ἡμῶν.

HERMES. Τί φῄς, ὦ πάτερ; ἀγνοεῖς Τίμωνα; οὗτός
ἐστιν ὁ νεόπλουτος, ὃς πολλάκις εἰστία ἡμᾶς καὶ τὰς ὅλας 20
ἑκατόμβας ἔθυε, παρ' ᾧ λαμπρῶς εἰώθαμεν ἑορτάζειν τὰ
Διάσια.

ZEUS. Φεῦ τῆς ἀλλαγῆς· ὁ καλὸς ἐκεῖνος, ὁ πλούσιος;
τί παθὼν τοιοῦτός ἐστιν;

HERMES. Οὗτος, τὸν πλοῦτον ἐκχέας, νῦν γέγονε 25

πένης καὶ γεωργεῖ μισθοφορῶν· οἱ δὲ πρότερον φίλοι
παρέρχονται οὔτε προσβλέποντες οὔτε τὸ ὄνομα
εἰδότες.

17. ZEUS. Τούτῳ οὖν τῷ ἀνδρὶ ἡμᾶς δεῖ βοηθεῖν· εἰ
5 δὲ μή, ὁμοῖα ποιήσομεν τοῖς κόλαξιν, ἐπιλελησμένοι ἀνδρὸς
τοσαῦτα μηρία ταύρων τε καὶ αἰγῶν καύσαντος ἡμῖν ἐπὶ
τῶν βωμῶν· καὶ ἔτι ἐν ταῖς ῥισὶ τὴν τῶν θυμάτων κνῖσαν
ἔχω· νῦν δὲ εἰσὶ τοσοῦτοι ἐπίορκοι καὶ ἱερόσυλοι ὥστε
τιμωρούμενος αὐτοὺς οὐ σχολὴν ἔχω πρὸς ἄλλα. ὅμως
10 δὲ τὸν Πλοῦτον, ὦ Ἑρμῆ, παραλαβὼν ἄπιθι πρὸς τὸν
Τίμωνα· περὶ δὲ τῶν κολάκων σκέψομαι, καὶ δίκην δώ-
σουσιν, ἐπειδὰν τὸν κεραυνὸν ἐπισκευάσω. δύο γὰρ ἀκτῖνας
τὰς μεγίστας κατέαξα, βαλὼν ἐπὶ τὸν σοφιστὴν Ἀναξα-
γόραν, ὃς ἔπειθε τοὺς φίλους μηδὲ εἶναι ἡμᾶς τοὺς θεούς.
15 ἀλλ' ἐκείνου μὲν διήμαρτον, ὁ δὲ κεραυνὸς μόνον οὐ συνε-
τρίβη περὶ τῇ πέτρᾳ.

HERMES. Ἄγε δή, ὦ Πλοῦτε, ἀκολούθει μοι.

WEALTH. Ἀλλ' ἐγὼ οὐκ ἐθέλω ἀπελθεῖν παρὰ τὸν
Τίμωνα, ὦ Ζεῦ.

20 ZEUS. Διὰ τί, ὦ ἄριστε, καὶ ταῦτα ἐμοῦ κελεύσαντος;

WEALTH. Ὅτι οὗτος ἐκχεῖ ἐμὲ πανταχόσε καὶ τοῖς
κόλαξι παραδίδωσιν.

ZEUS. Οὐκέτι ταῦτα ποιήσει ὁ Τίμων· ἄλλοτε δὲ
ἠγανάκτεις τοῖς πλουσίοις, λέγων κατακεκλεῖσθαι ὑπ'
25 αὐτῶν μοχλοῖς καὶ κλεισίν. ἀλλ' ἄπιθι, νῦν γὰρ ἔσται
σοφώτερος ὁ Τίμων. σὺ δέ, ὦ Ἑρμῆ, κέλευε τοὺς Κύ-
κλωπας πρὸς ἡμᾶς ἐλθεῖν ἐκ τῆς Αἴτνης, ὅπως τὸν κεραυνὸν
ἐπισκευάσωσιν.

(Hermes and Wealth start off and find Timon digging, surrounded by Poverty and her bodyguard. She complains bitterly of their interference, and Timon threatens them and bids them begone.)

18. HERMES. Προΐωμεν, ὦ Πλοῦτε· τί τοῦτο; ὑπο-σκάζεις; οὐ τυφλὸς μόνον εἶ, ἀλλὰ καὶ χωλός;

WEALTH. Οὐκ ἀεὶ τοῦτο, ὦ Ἑρμῆ, ἀλλ᾽ ὁπόταν μὲν ἀπίω παρά τινα, πεμφθεὶς ὑπὸ τοῦ Διός, βραδύς εἰμι καὶ χωλὸς ἀμφοτέροις τοῖς ποσίν· ὁπόταν δὲ ἀπαλλάττεσθαι 5 δέῃ, πτηνός τέ εἰμι καὶ τῶν ὀνείρων ὠκύτερος. ἀλλὰ τίς ὁ ψόφος οὗτός ἐστι καθάπερ σιδήρου πρὸς λίθον;

HERMES. Ὁ Τίμων σκάπτει ὀρεινὸν γήδιον· καὶ ἡ Πενία πάρεστι καὶ ὁ Πόνος καὶ ἡ Σοφία καὶ ἡ Ἀνδρεία.

POVERTY. Ποῖ τοῦτον ἄγεις, ὦ Ἑρμῆ;   10

HERMES. Πρὸς τοῦτον τὸν Τίμωνα ἐπέμφθημεν ὑπὸ τοῦ Διός.

POVERTY. Νῦν ὁ Πλοῦτος ἐπέμφθη πρὸς Τίμωνα; ὃν διεφθαρμένον ὑπὸ τῆς Τρυφῆς παραλαβοῦσα, μετὰ τῆς Σοφίας καὶ τοῦ Πόνου ἐποίησα γενναῖον ἄνδρα καὶ πολλοῦ 15 ἄξιον. ἄπειμι· ὑμεῖς δέ, ὦ Πόνε καὶ Σοφία καὶ οἱ λοιποί, ἀκολουθεῖτέ μοι. οὗτος δὲ τάχα εἴσεται ἀπολιπὼν ἀγαθὴν συνεργὸν καὶ διδάσκαλον τῶν ἀρίστων· συνὼν γὰρ ἐμοὶ ὑγιεινὸς μὲν ἦν τὸ σῶμα, ἐρρωμένος δὲ τὴν γνώμην, ἀνδρὸς βίον ζῶν καὶ τὰ περιττὰ ἐν ὀλιγωρίᾳ ποιούμενος.   20

19. HERMES. Ἀπέρχονται· ἡμεῖς δὲ προσέλθωμεν.

TIMON. Τίνες ἐστέ, ὦ κατάρατοι; ἢ τί βουλόμενοι δεῦρο ἥκετε, ἄνδρα ἐργάτην καὶ μισθοφόρον ἐνοχλήσοντες; ἀλλ᾽ οὐ χαίροντες ἄπιτε· ἐγὼ γὰρ ὑμᾶς βαλῶ λίθοις.

HERMES. Μηδαμῶς, ὦ Τίμων, μὴ βάλῃς· οὐ γὰρ 25

ἀνθρώπους βαλεῖς· ἀλλ' ἐγὼ μὲν Ἑρμῆς εἰμι, οὗτος δὲ ὁ
Πλοῦτος· ἔπεμψε δὲ ὁ Ζεύς, ἀκούσας τῶν σῶν εὐχῶν.

TIMON.   Καὶ ὑμεῖς οἰμώξεσθε, καίπερ θεοὶ ὄντες·
πάντας γὰρ καὶ θεοὺς καὶ ἀνθρώπους μισῶ. τοῦτον δὲ
5 τὸν τυφλὸν ἐπιτρίψω τῇ δικέλλῃ.

WEALTH.   Ἀπίωμεν, ὦ Ἑρμῆ· δοκεῖ γὰρ ὁ ἄνθρωπος
μαίνεσθαι.

HERMES.   Μηδὲν τοιοῦτο ποιήσῃς, ὦ Τίμων, ἀλλὰ
προτείνας τὰς χεῖρας, λάμβανε τὴν ἀγαθὴν τύχην καὶ
10 δέχου τὸν Πλοῦτον.

TIMON.   Οὐδὲν ὑμῶν δέομαι· ἱκανὸς ἐμοὶ πλοῦτός ἐστιν
ἡ δίκελλα· εὐδαιμονέστατος γάρ εἰμι, μηδενός μοι πλη-
σιάζοντος. νῦν δὲ ἡ Πενία ἐμοί ἐστι φιλτάτη. ἄπιθι
οὖν, ὦ Ἑρμῆ, τὸν Πλοῦτον ἀπάγων.

(*Finally Timon agrees to receive Wealth. He digs up a
treasure, which his former ungrateful friends soon scent out.
They return with professions of devotion, which Timon takes
for what they are worth.*)

15   20. HERMES.   Σὺ μέν, ὦ Τίμων, σκάπτε· σὺ δέ, ὦ
Πλοῦτε, τὸν θησαυρὸν κάλει· ἐγὼ γὰρ ὑπὲρ τὴν Αἴτνην
εἰς τὸν οὐρανὸν ἀναπτήσομαι.

TIMON.   Πειστέον, ὦ Ἑρμῆ, καὶ αὖθις πλουτητέον.
                             (*Exit* HERMES, *flying*.)

WEALTH.   Ὁ μὲν ἀπελήλυθεν, ὡς δοκεῖ· τεκμαίρομαι
20 γὰρ τῇ εἰρεσίᾳ τῶν πτερῶν· σὺ δὲ αὐτοῦ περίμενε·
ἀπελθὼν γὰρ ἀναπέμψω σοι τὸν θησαυρόν, ὃν ἐν τῇ γῇ
καταλιπών ἐκέλευσα μὴ ἐξιέναι, εἰ μὴ ἐμοῦ ἀκούσειε
βοήσαντος. (WEALTH *withdraws apart.*)

TIMON. Ἄγε δή, ὦ δίκελλα, νῦν ἐμοὶ βοήθει. ὦ Ζεῦ,
πόθεν χρυσίον τοσοῦτον; ὦ Μίδα καὶ Κροῖσε καὶ τὰ ἐν
Δελφοῖς ἀναθήματα, οὐδὲν ἦτε πρὸς Τίμωνα καὶ τὸν
Τίμωνος πλοῦτον, ᾧ γε οὐδὲ ὁ Περσῶν βασιλεύς ἐστιν
ἴσος. ὦ δίκελλα καὶ φιλτάτη διφθέρα, ὑμᾶς μὲν τῷ 5
Πανὶ ἀναθήσω, αὐτὸς δέ, πύργον οἰκοδομησάμενος ὑπὲρ
τοῦ θησαυροῦ, μόνος ἐνδιαιτήσομαι, καὶ τάφον ἀποθανὼν
αὐτοῦ ἕξω. μόνος γὰρ εἰς τὸ λοιπὸν πλουτήσω, καὶ τὸ
ὄνομα ἔσται ἐμοὶ ὁ Μισάνθρωπος. ἀλλὰ τί τοῦτό ἐστι;
πανταχόθεν συνθέουσιν ἄνθρωποι, ὀσφραινόμενοι τοῦ 10
χρυσίου.

(*Enter* FLATTERERS ; *first* GNATHONIDES, *soon followed by*
PHILIADES, *and a little later by* DEMEAS.)

21. Τίς ὁ πρῶτος αὐτῶν οὗτός ἐστι; Γναθωνίδης ὁ
κόλαξ, ὁ πρῴην ἔρανον αἰτήσαντί μοι τὸν βρόχον ὀρέξας,
πίθους ὅλους παρ' ἐμοὶ πολλάκις καταπιών. ἀλλ' εὖ γε
ἐποίησεν ἀφικόμενος· οἰμώξεται γὰρ πρῶτος.   15

GNATHONIDES (*piously*). Οὐκ ἐγὼ ἔλεγον ὅτι οὐκ
ἀμελήσουσι Τίμωνος ἀγαθοῦ ἀνδρὸς οἱ θεοί; χαῖρε,
Τίμων.

TIMON. Καὶ σύ γε χαῖρε, ὦ Γναθωνίδη, ἅμα δὲ δέχου
τοῦτο.   20

GNATHONIDES. Τί τοῦτο; παίεις, ὦ Τίμων; ἰού, ἰού

TIMON. Ἔτι μένεις ;

GNATHONIDES. Ἄπειμι· σὺ δὲ οὐ χαιρήσεις οὕτως ἐμὲ
παίσας.

TIMON. Τίς οὗτός ἐστιν ὁ προσιών ; Φιλιάδης, κολά- 25
κων πάντων ὁ κάκιστος, ὃς ἀγρὸν καὶ δύο τάλαντα παρ'
ἐμοῦ ἔλαβεν, ὀμόσας κάλλιστόν με ἀοιδὸν εἶναι καὶ τῶν

κύκνων ᾠδικώτερον, πρώην δέ, ὡς εἰδέ με ἐπικουρίας δεό-
μενον, πληγὰς ἐνέβαλεν.

PHILIADES (virtuously). Φεῦ τῆς ἀναισχυντίας, ὦ
Γναθωνίδη· νῦν Τίμωνα γνωρίζεις; νῦν φίλος αὐτῷ καὶ
5 συμπότης εἶ; (to TIMON) χαῖρε, ὦ δέσποτα· ἐγώ, τάλαν-
τόν σοι κομίζων, καθ' ὁδὸν ἤκουσα ὡς πλούσιος γεγένησαι·
τοὺς δὲ κόλακας τούτους φυλάττεσθαι δεῖ, κοράκων οὐδὲν
διαφέροντας.

TIMON. Καὶ σὺ χαῖρε, ὦ Φιλιάδη· ἀλλὰ πρόσιθι, καὶ
10 σὲ φιλοφρονήσομαι τῇ δικέλλῃ.

PHILIADES. Οἴμοι, κατέαγα τὴν κεφαλήν.

22. DEMEAS (enthusiastically). Χαῖρε, ὦ Τίμων· πάλαι
σὲ θαυμάζω τε καὶ φιλῶ, καὶ νῦν τὸν υἱὸν ἐβουλόμην
ἀγαγεῖν παρὰ σέ, ὃν ἐπὶ τῷ σῷ ὀνόματι Τίμωνα ὠνόμακα.
15 TIMON. Πῶς, ὦ Δημέα, ὃς οὐδὲ γεγάμηκας;

DEMEAS. Ἀλλὰ γαμῶ, καὶ τὸν παῖδα τὸν γενησόμενον
—ἄρρην γὰρ ἔσται—Τίμωνα ἤδη καλῶ.

TIMON. Οὐκ οἶδα εἰ γαμεῖς ἔτι, τοσαύτας παρ' ἐμοῦ
πληγὰς λαμβάνων.

20 DEMEAS. Οἴμοι, τί τοῦτο; τυραννίδι ἐπιχειρεῖς, καὶ
τύπτεις τοὺς ἐλευθέρους, καὶ τὴν ἀκρόπολιν ἐνέπρησας.
ἀλλὰ δώσεις ἐν τάχει τὴν δίκην.

TIMON. Ἀλλὰ τί τοῦτο; πολλοὶ συνθέουσιν. ἐπὶ
ταύτην οὖν τὴν πέτραν ἀναβάς, τὴν μὲν δίκελλαν ὀλίγον
25 ἀναπαύσω—ἅλις γὰρ πεπόνηκεν—αὐτὸς δὲ πλείστοις
λίθοις πόρρωθεν βαλῶ προσιόντας.

FLATTERERS. Μὴ βάλλε, ὦ Τίμων· ἄπιμεν γάρ.

TIMON. Ἀλλ' οὐ χαίροντές γε ὑμεῖς οὐδὲ ἄνευ τραυ-
μάτων. (Exeunt FLATTERERS, pelted.)

THE HISTORY OF HERODOTUS

Herodotus was born at Halicarnassus, a Greek town of Caria in Asia Minor. The date of his birth is commonly given as 484 B.C., but it may have been rather earlier. In any case, his boyhood belongs to the great period of the war between Greece and Persia, of which he became the historian. He travelled much, possibly for the purposes of business, but more probably to get information for his history, and he visited Babylonia, Egypt, Cyrene, the Greek islands, and many other places. The Persian Empire was well administered, and travel was not difficult within its limits. He lived for some time at Thurii, a Greek town in southern Italy, and at Athens, and he died at one of these places. The year of his death seems to have been before 420 B.C. Nothing more definite can be said.

Herodotus chose for his subject the two famous attacks of Persia on Greece, the first being the invasion in the reign of Darius, which was repelled at Marathon, 490 B.C., followed ten years later by the gigantic expedition of Xerxes, defeated at Salamis. His work is divided into nine books, and about half of it is a narrative of events that precede and lead up to the great encounter, such as the foundation of the Persian Empire by Cyrus, the Persian conquest of Lydia, the conquest of Egypt by Cambyses, son of Cyrus, which suggests an account of the history and antiquities of the country, and the unsuccessful revolt of the Greek cities in Asia Minor against Persian rule, commonly called the Ionic revolt, which was the immediate occasion of the outbreak of war between Persia and the European Greeks. The books are full of digressions attached to the main narrative, and many interesting and amusing stories are contained in them.

Herodotus wrote in the dialect of Greek that is called Ionic, but the following extracts are given in Attic to harmonize with the rest of the book.

How Arion was saved by the Dolphin.

23. Ἐπεὶ Περίανδρος ὁ Κυψέλου ἐτυράννευε Κορίνθου,
θαῦμά τι μέγιστον ἐγένετο· ὁ γὰρ Ἀρίων, κιθαρῳδὸς ὢν
τῶν τότε ἄριστος, ἐπὶ δελφῖνος ἐξηνέχθη ἐπὶ Ταίναρον
διὰ τοῦ πελάγους. οὗτος δὲ ὁ Ἀρίων, ὡς λέγουσιν οἱ
5 Κορίνθιοι, πολὺν ἤδη χρόνον παρὰ Περιάνδρῳ διατρίβων,
ἐπεθύμησε πλεῦσαι ἐς Ἰταλίαν· ἐργασάμενος δὲ ἐκεῖ
χρήματα μέγαλα, ἤθελεν ὀπίσω ἐς Κόρινθον ἀφικέσθαι·
ὁρμώμενος δὲ ἐκ Τάραντος, ἐμισθώσατο πλοῖον ἀνδρῶν
Κορινθίων, τούτοις γὰρ μάλιστα ἐπίστευεν. καὶ οἱ μὲν
10 ἐν τῷ πελάγει ἐπεβούλευον, τὸν Ἀρίονα ἐκβαλόντες, ἔχειν
τὰ χρήματα, ὁ δὲ αἰσθόμενος ἠξίωσεν αὐτοὺς τὰ μὲν
χρήματα λαβεῖν, ψυχῆς δὲ φείσασθαι.

24. Ὡς δὲ οὐκ ἐπείσθησαν, ἐν μεγίστῃ δὴ ἀπορίᾳ ὢν,
ᾔτησεν, ἐπειδὴ αὐτοῖς οὕτω δοκοίη, ἐᾶν αὐτὸν στάντα ἐν
15 τοῖς ἐδωλίοις ᾆσαι· ᾄσας δὲ ὑπέσχετο ἐς τὴν θάλασσαν
ἐκπηδήσειν. καὶ ἡδόμενοι μὲν οἱ ναῦται, εἰ μέλλοιεν ἀκού-
σεσθαι τοῦ ἀρίστου πάντων ἀοιδοῦ, ἀνεχώρησαν ἐκ τῆς
πρύμνης ἐς μέσην ναῦν· ὁ δέ, ἐνδὺς πᾶσαν τὴν σκευὴν καὶ
λαβὼν τὴν κιθάραν, νόμον τινὰ κάλλιστον διεξῆλθεν·
20 τελευτῶντος δὲ τοῦ νόμου, ἔρριψεν ἐς τὴν θάλασσαν
ἑαυτόν, ὡς ὑπέσχετο. οἱ μὲν οὖν ναῦται ἀπέπλευσαν ἐς
Κόρινθον· τὸν δὲ Ἀρίονα δελφὶς ὑπολαβὼν ἐξήνεγκεν ἐπὶ
Ταίναρον.

25. Ἀποβὰς δὲ ἐχώρησεν ἐς Κόρινθον σὺν τῇ σκευῇ, καὶ
25 ἀφικόμενος ἐξήγγειλε πᾶν τὸ γεγονός. Περίανδρος δέ,
ἀπιστῶν τῷ λόγῳ, Ἀρίονα μὲν ἐν φυλακῇ εἶχεν· ὡς δὲ
ἀφίκοντο οἱ ναῦται, κληθέντας ἠρώτησεν ὅπου εἴη ἐν τῷ
παρόντι ὁ Ἀρίων. καὶ φασκόντων ἐκείνων ὡς εἴη τε σῶς

ἐν Ἰταλίᾳ, καὶ εὖ πράσσοντα καταλίποιεν ἐν Τάραντι,
ἀπροσδοκήτως ἐπεφάνη αὐτοῖς ὁ Ἀρίων, πᾶσαν τὴν σκευὴν
φορῶν, ἣν ἔχων ἐξεπήδησεν. οἱ δὲ ἐλεγχόμενοι ὡμο-
λόγησαν τὸ πρᾶγμα. ταῦτα οὖν λέγουσιν οἱ Κορίνθιοι·
καὶ Ἀρίονός ἐστιν ἀνάθημα χαλκοῦν οὐ μέγα ἐν Ταινάρῳ, 5
ἐπὶ δελφῖνος ἐπὼν ἄνθρωπος.

(I. 23, 24.)

How Rhampsinitus, King of Egypt, rewarded the thief.

26. *The Treasure Chamber.*

Τῷ δὲ Ῥαμψινίτῳ ἦν τοσοῦτος πλοῦτος ὅσος οὐδενὶ
τῶν μετ᾽ αὐτὸν βασιλέων· βουλόμενος δὲ ἔχειν τὰ χρήματα
ἐν ἀσφαλείᾳ οἴκημα λίθινον ᾠκοδομήσατο. ὁ δὲ οἰκοδόμος
τοιάδε ἐμηχανᾶτο· τῶν λίθων παρεσκευάσατο ἕνα ὥστε 10
ἐξαιρετὸν εἶναι ἐκ τοῦ τοίχου ῥᾳδίως καὶ ὑφ᾽ ἑνὸς ἀνδρός.
ὡς δὲ ἐπετελέσθη τὸ οἴκημα, ὁ μὲν βασιλεὺς ἐθησαύρισε
τὰ χρήματα ἐν αὐτῷ· χρόνου δὲ περιιόντος, ὁ οἰκοδόμος
μέλλων ἀποθανεῖσθαι ἐκάλεσε τοὺς παῖδας, οὓς δύο εἶχε, καὶ
ἔλεξεν οὕτως μεμηχανῆσθαι τὸ οἴκημα, ὥστε ἐξεῖναι αὐτοῖς 15
τὰ χρήματα ῥᾳδίως ἀφαιρεῖν. σαφῶς δὲ αὐτοῖς πάντα
ἐξηγήσατο, καὶ ἔδωκε τὰ μέτρα τοῦ λίθου, λέγων ὡς ταῦτα
διαφυλάσσοντες ταμίαι τῶν βασιλέως χρημάτων ἔσονται.
καὶ ὁ μὲν ἀπέθανεν, οἱ δὲ παῖδες, ἐλθόντες πρὸς τὰ βασίλεια
νυκτὸς καὶ εὑρόντες τὸν λίθον, πολλὰ τῶν χρημάτων 20
ἔλαβον.

27. *The Trap.*

Μετὰ δὲ τοῦτο ὁ βασιλεύς, ἀνοίξας τὸ οἴκημα, ἐθαύ-
μασεν ἰδὼν τῶν χρημάτων καταδεᾶ τὰ ἀγγεῖα, ἠπόρει δὲ
ὅντινα δι᾽ αἰτίας ἔχοι, τὰ γὰρ σήμαντρα ἦν σῶα. ἐπεὶ

δὲ αὐτῷ καὶ δὶς καὶ τρὶς ἀνοίξαντι ἀεὶ ἐλάσσω τὰ χρήματα
ἐφαίνετο, οἱ γὰρ κλέπται ἀφαιροῦντες διετέλουν, ἐποίησε
τάδε· πάγας ἔστησε περὶ τὰ ἀγγεῖα, ἐν οἷς ἐνῆν τὰ
χρήματα. τῶν δὲ φωρῶν ἀφικομένων, καὶ εἰσελθόντος τοῦ
5 ἑτέρου αὐτῶν, ἐπεὶ πρὸς τὸ ἀγγεῖον προσῆλθεν, εὐθέως τῇ
πάγῃ ἐνείχετο· ἰδὼν δὲ ἐν ὅσῃ ἀπορίᾳ ἦν, παρακαλέσας
τὸν ἀδελφὸν ἐκέλευσεν ὡς τάχιστα ἀποτεμεῖν τὴν κεφαλήν,
ὅπως μὴ γνωρισθεὶς αὐτὸς συναπολέσῃ καὶ ἐκεῖνον. ὁ δὲ
ἰδὼν τὰ γενόμενα ἐποίησε τοῦτο, καὶ τὸν λίθον ἀνορθώσας
10 ἀπῄει ἐπ᾽ οἴκου, φέρων τὴν τοῦ ἀδελφοῦ κεφαλήν.

28. The Thief's device.

Ἡμέρας δὲ γενομένης, εἰσελθὼν ὁ βασιλεὺς εἰς τὸ
οἴκημα μάλιστα ἠπόρει, ὁρῶν τὸ μὲν σῶμα τοῦ φωρὸς ἐν
τῇ πάγῃ ἄνευ τῆς κεφαλῆς ὄν, τὸ δὲ οἴκημα οὔτε εἴσοδον
οὔτε ἔκδυσιν οὐδεμίαν ἔχον. τέλος δὲ τὸν τοῦ φωρὸς
15 νεκρὸν κατὰ τοῦ τείχους κατεκρέμασε, φύλακας δὲ κατα-
στήσας ἐκέλευσε συλλαβόντας ἄγειν πρὸς αὐτὸν ὅντινα
δακρύοντα ἴδοιεν. ἡ δὲ τῶν φωρῶν μήτηρ, ἰδοῦσα τὸν
νεκρὸν οὕτως ἔχοντα, εἶπε τῷ περιόντι παιδὶ ὅτι, εἰ μὴ τὸ
σῶμα κομίσειεν, ἐλθοῦσα πρὸς τὸν βασιλέα πάντα δηλώσει.
20 ὡς δὲ πολλὰ λέγων οὐκ ἔπειθεν αὐτήν, τέλος παρασκευα-
σάμενος ὄνους καὶ ἀσκοὺς οἴνου πλήρεις, ἤλασεν αὐτοὺς
πρὸς τὴν πόλιν. ἰδὼν δὲ τοὺς τὸν νεκρὸν φυλάσσοντας,
ἀσκῶν τινῶν ποδεῶνας ἔλυσεν. ῥέοντος δὲ τοῦ οἴνου, ἐβόα
τε καὶ τὴν κεφαλὴν ἔκοπτεν, ὡς ἀπορῶν ὅ,τι χρὴ δρᾶν.
25 οἱ δὲ φύλακες, ἰδόντες πολὺν ῥέοντα τὸν οἶνον, συνέτρεχον
ἐς τὴν ὁδὸν ἀγγεῖα ἔχοντες, καὶ ὡς πλεῖστον συγκομίζειν
ἐπειρῶντο.

29. Its success.

Ὁ δὲ πρῶτον μὲν ὀργὴν προσποιούμενος ἐλοιδόρει πάντας, ἔπειτα παραμυθουμένων αὐτὸν τῶν φυλάκων καὶ σκωπτόντων καὶ ἐς γέλωτα προαγόντων, τοὺς μὲν ὄνους ἐξήλασεν ἐκ τῆς ὁδοῦ, καὶ ἀσκὸν ἕνα αὐτοῖς ἐπέδωκε, καὶ ὕστερον ἄλλον· πολὺν οὖν οἶνον πιόντες οἱ φύλακες τέλος 5 ἐμεθύσθησαν, ὥστε ὕπνῳ κρατηθέντες κατακοιμηθῆναι. ἐνταῦθα δή, σκοτεινῆς οὔσης τῆς νυκτός, λύσας τὸ σῶμα τοῦ ἀδελφοῦ, καὶ ξυρήσας τὰς δεξιὰς τῶν φυλάκων παρειὰς ἐπὶ λύμῃ, ἤλασε τοὺς ὄνους ἐπ᾽ οἴκου, ἔχων τὸν νεκρόν. ἐπεὶ δὲ ὁ βασιλεὺς ταῦτα ἐπύθετο, τὴν σοφίαν καὶ τόλμην 10 τοῦ ἀνθρώπου θαυμάσας, κήρυκας ἐς πάσας τὰς πόλεις διέπεμπεν, ἄδειάν τε καὶ δῶρα μεγάλα ὑπισχνούμενος ἐλθόντι ἐς ὄψιν τὴν ἑαυτοῦ. ὁ δὲ φὼρ πιστεύσας ἦλθε πρὸς αὐτὸν καὶ μάλα ἐτιμᾶτο ὑπὸ πάντων· ἐνόμιζε γὰρ ὁ Ῥαμψίνιτος τοὺς μὲν Αἰγυπτίους σοφίᾳ περιεῖναι τῶν 15 ἄλλων ἀνθρώπων, ἐκεῖνον δὲ τῶν Αἰγυπτίων.

(II. 121.)

30. How Hippocleides danced away his marriage.

Κλεισθένει, τῷ Σικυῶνος τυράννῳ, ἐγένετο θυγάτηρ, Ἀγαρίστη ὀνόματι, ἣν μάλιστα ἐφίλει. ταύτην ἠθέλησεν, Ἑλλήνων πάντων ἐξευρὼν τὸν ἄριστον, τούτῳ γυναῖκα προσθεῖναι. πολλῶν δὲ μνηστήρων ἐς Σικυῶνα ἀφικο- 20 μένων, Ἱπποκλείδης Ἀθηναῖος τῶν πάντων μάλιστα ἤρεσκεν αὐτῷ, ὡς ἀνδρείᾳ τε καὶ γένει προέχων. καὶ θύσας βοῦς ἑκατὸν ὁ Κλεισθένης εὐώχει τοὺς μνηστῆρας· δειπνή- σαντες δὲ διελέγοντο περὶ μουσικῆς. τότε δὴ ὁ Ἱππο- κλείδης, ἔτυχε γὰρ οἶνον πεπωκὼς οὐκ ὀλίγον, ἐκέλευσε τὸν 25 αὐλητὴν αὐλῆσαι· τοῦ δὲ αὐλητοῦ πειθομένου, ὠρχήσατο.

καὶ ἐδόκει μὲν αὐτῷ καλῶς ὀρχεῖσθαι, ὁ δὲ Κλεισθένης
ταῦτα ὁρῶν ἠγανάκτει. καὶ οὐ μετὰ πολὺ ὁ Ἱπποκλείδης
ἐκέλευσε τοὺς δούλους τράπεζαν εἰσφέρειν, εἰσελθούσης δὲ
τῆς τραπέζης, πολλὰ σχημάτια ὠρχήσατο, τέλος δέ, τὴν
5 κεφαλὴν ἐρείσας ἐπὶ τὴν τράπεζαν, τοῖς σκέλεσιν ἐχειρο-
νόμησεν. ὁ δὲ Κλεισθένης, καίπερ χαλεπῶς φέρων τὴν
ὄρχησιν, τέως μὲν ἐσίγα· ὡς δὲ εἶδε τοῖς σκέλεσιν
χειρονομήσαντα, οὐκέτι αὐτὸν κατέχειν δυνάμενος, εἶπεν,
" ἀπωρχήσω τὸν γάμον." ὁ δὲ Ἱπποκλείδης ἀπεκρίνατο,
10 " οὐ φροντὶς Ἱπποκλείδῃ."

(VI. 129.)

How Cambyses killed Apis, the sacred bull of Egypt.

Cambyses, King of Persia, after conquering Egypt (525 B.C.),
made an expedition against the Ethiopians. It ended in
a disastrous failure, and he had just returned to Memphis,
having lost a considerable part of his army from hunger in the
desert.

31. Ἀφιγμένου δὲ Καμβύσου ἐς Μέμφιν, ἐφάνη τοῖς
Αἰγυπτίοις ὁ Ἄπις, ὃν οἱ Ἕλληνες Ἔπαφον καλοῦσιν.
ἐπιφανοῦς δὲ τούτου γενομένου, αὐτίκα οἱ Αἰγύπτιοι
ἐσθῆτα ἐφόρουν τὴν καλλίστην, θύοντες καὶ εὐωχούμενοι.
15 ἰδὼν δὲ ταῦτα τοὺς Αἰγυπτίους ποιοῦντας ὁ Καμβύσης,
καὶ οἰόμενος οὕτως ἤδεσθαι ὅτι αὐτὸς κακῶς ἔπραξε, τοὺς
ἐπιτρόπους τῆς Μέμφεως ἐκάλεσεν· καὶ ἀφικομένους
ἤρετο διότι πρότερον μέν, ὄντος αὐτοῦ ἐν τῇ πόλει, ἐποίουν
τοιοῦτο οὐδὲν οἱ Αἰγύπτιοι, τότε δὲ ποιοῦσιν, ἐπεὶ αὐτὸς
20 πάρεστι τῆς στρατιᾶς πλῆθός τι ἀποβαλών. οἱ δὲ
ἀπεκρίναντο ὡς θεὸς ἐφάνη, διὰ χρόνου πολλοῦ εἰωθὼς
ἐπιφαίνεσθαι, καὶ ὡς, ὅταν φανῇ, τότε πάντες οἱ Αἰγύπτιοι
χαίροντες ἑορτάζουσιν. ταῦτα οὖν ἀκούσας ὁ Καμβύσης

ἔφη ψεύδεσθαι αὐτούς, καὶ ὡς ψευδομένους θανάτῳ ἐζημί-
ωσεν. ἀποκτείνας δὲ τούτους, μετεπέμψατο τοὺς ἱερέας,
λέγοντας δὲ τὰ αὐτὰ ἐκέλευσεν ἐπάγειν τὸν Ἆπιν.

32. Ὡς δὲ ἤγαγον τὸν Ἆπιν οἱ ἱερεῖς, ὁ Καμβύσης,
σπασάμενος τὸ ἐγχειρίδιον, παίει τὸν μηρὸν τοῦ βοός· 5
γελάσας δὲ εἶπε πρὸς αὐτούς, " ὦ κακαὶ κεφαλαί, τοιοῦτοι
θεοὶ γίγνονται, ἔναιμοί τε καὶ σαρκώδεις ὄντες καὶ σιδηρίοις
τρωτοί; ἄξιος μὲν τῶν Αἰγυπτίων ἐστὶν οὗτος ὁ θεός.
ἀτὰρ ὑμεῖς γε οὐ χαίροντες ἐπ᾽ ἐμοὶ γελάσεσθε." ταῦτα
εἰπών, τοὺς δορυφόρους ἐκέλευσε τοὺς μὲν ἱερέας μαστι- 10
γῶσαι, Αἰγυπτίων δὲ τῶν ἄλλων ὃν ἂν λάβωσιν ἑορτάζοντα
ἀποκτείνειν. ὁ δὲ Ἆπις, πεπληγμένος τὸν μηρὸν ἔφθινεν
ἐν τῷ ἱερῷ κατακείμενος, καὶ τελευτήσαντα ἐκ τοῦ τραύ-
ματος ἔθαψαν οἱ ἱερεῖς. Καμβύσης δέ, ὡς λέγουσιν
Αἰγύπτιοι, αὐτίκα διὰ τοῦτο τὸ ἀδίκημα ἐμάνη, οὐδὲ 15
πρότερον τὰς φρένας ὑγιαίνων.

(III. 27–30.)

How Croesus lost his kingdom.

The answers of the Oracle.

83. Κροῖσος, ὁ τῶν Λυδῶν βασιλεύς, καταστρεψάμενος
τοὺς ἐν τῇ Ἀσίᾳ Ἕλληνας, διενοεῖτο πρὸς τοὺς Πέρσας
πόλεμον ποιεῖσθαι. ἔπεμψεν οὖν ἐς τὸ ἐν Δελφοῖς
χρηστήριον Λυδῶν τινας δῶρα κάλλιστα φέροντας· 20
τούτῳ γὰρ πάντων μάλιστα ἐπίστευεν. ἀφικόμενοι δὲ
ἐχρῶντο τῷ θεῷ, εἰ δεῖ Κροῖσον, τὸν Λυδῶν βασιλέα,
τοῖς Πέρσαις ἐπιστρατεύειν, καὶ εἴ τινα στρατὸν ἀνδρῶν
προσθέσθαι σύμμαχον. οἱ μὲν ταῦτα ἐπηρώτων, ἡ δὲ

Πυθία ἀπεκρίνατο προλέγουσα ὅτι, ἢν τοῖς Πέρσαις
ἐπιστρατεύσῃ Κροῖσος, μεγάλην ἀρχὴν καταλύσει. τοὺς
δὲ τῶν Ἑλλήνων δυνατωτάτους συνεβούλευεν αὐτῷ φίλους
προσθέσθαι. ἐπεὶ δὲ ταῦτα ἐπύθετο ὁ Κροῖσος, ὑπερήσθη
5 τε τῷ χρησμῷ καὶ ἄνδρας ἄλλους ἐς τὸ χρηστήριον ἔπεμψε
σὺν πολλῷ ἀργυρίῳ ἐπερωτήσοντας, εἰ πολυχρόνιός οἱ
ἔσται ἡ μοναρχία.

84. Χρωμένῳ δὲ αὐτῷ ἀνεῖλεν ὁ θεὸς τότε δὴ φεύγειν,
" ὅταν ἡμίονος βασιλεὺς Μήδοισι γένηται." τούτῳ οὖν
10 τῷ χρησμῷ καὶ μᾶλλον ἢ πρότερον ἤσθη, ἐλπίζων ἡμίονον
οὔποτε ἀντὶ ἀνδρὸς βασιλεύσειν Μήδων, καὶ οἰόμενος οὔτε
αὐτὸς οὔτε τοὺς αὐτῷ ἐπιγενησομένους παύσεσθαί ποτε τῆς
ἀρχῆς. μετὰ δὲ ταῦτα πυθόμενος τοὺς Λακεδαιμονίους
ὄντας τῶν Ἑλλήνων δυνατωτάτους, ἔπεμψεν ἐς Σπάρτην
15 ἀγγέλους δῶρά τε φέροντας καὶ δεησομένους συμμαχίας.
ἐλθόντες δὲ ἔλεγον, " ὦ Λακεδαιμόνιοι, Κροῖσος ὁ Λυδῶν
τε καὶ ἄλλων ἐθνῶν βασιλεύς, κελεύσαντος τοῦ θεοῦ τοὺς
Ἕλληνας φίλους προσθέσθαι, ὑμᾶς κατὰ τὸ χρηστήριον
προσκαλεῖται, φίλος ἐθέλων γενέσθαι ἄνευ δόλου καὶ
20 ἀπάτης." οἱ δὲ Λακεδαιμόνιοι, ἀκηκοότες καὶ αὐτοὶ τὸ
χρηστήριον, ἤσθησάν τε τῇ ἀφίξει τῶν Λυδῶν καὶ ἐποιή-
σαντο ὅρκια περὶ συμμαχίας.

35. Croesus invades the Persian dominions.

Ταύτῃ οὖν τῇ συμμαχίᾳ καὶ τῷ χρηστηρίῳ πιστεύ-
ων, Κροῖσος ἐποιεῖτο στρατείαν ἐς τὴν Καππαδοκίαν,
25 ἐλπίσας καθαιρήσειν Κῦρόν τε καὶ τὴν τῶν Περσῶν δύναμιν.
ἐστράτευε δέ, οὐ μόνον γῆν προσκτήσασθαι βουλόμενος
ἀλλὰ καὶ δίκην λαβεῖν παρὰ Κύρου ὑπὲρ Ἀστυάγους.
Ἀστυάγη γάρ, ὄντα Κροίσου μὲν γαμβρόν, Μήδων δὲ

βασιλέα, καταστρεψάμενος Κῦρος εἶχε τὴν μοναρχίαν.
πορευόμενος οὖν ἦλθεν ἐπὶ τὸν Ἅλυν ποταμόν, ὃς τῆς
Λυδικῆς ἀρχῆς ἦν ὅρος. ἐπεὶ δὲ τοῦτον διαβὰς ἀφίκετο ἐς
τὴν Πτερίαν, ἐνταῦθα ἐστρατοπεδεύετο, φθείρων τοὺς
ἀγρούς· καὶ εἷλε τὴν τῶν Πτερίων πόλιν καὶ ἠνδραπόδισεν. 5
Κῦρος δέ, ἀγείρας τὸν στρατὸν ἀντεστρατοπεδεύσατο
αὐτῷ· καὶ μάχης καρτερᾶς γενομένης, τέλος οὐδέτεροι
νικήσαντες διέστησαν, νυκτὸς ἐπελθούσης.

36. *Cyrus follows Croesus to Sardis.*

Καὶ οἱ μὲν οὕτως ἠγωνίσαντο· Κροῖσος δέ, ὡς τῇ
ὑστεραίᾳ οὐκ ἐπῄει ὁ Κῦρος, ἀπήλαυνεν ἐς τὰς Σάρδεις, ἐν 10
νῷ ἔχων, παρακαλέσας τοὺς συμμάχους καὶ τὴν αὑτοῦ
στρατίαν συλλέξας, τὸν μὲν χειμῶνα ἡσυχάζειν, ἅμα δὲ
τῷ ἦρι στρατεύειν ἐπὶ τοὺς Πέρσας. καὶ τὸν παρόντα
στρατόν, ὃς ἦν ξενικός, διεσκέδασεν· οὐ γὰρ ἐφοβεῖτο μή
ποτε ὁ Κῦρος, οὕτω παραπλησίως ἀγωνισάμενος, ἐπείγοιτο 15
ἐπὶ Σάρδεις. Κῦρος δέ, μαθὼν ὅτι Κροῖσος μέλλοι δια-
σκεδᾶν τὸν στρατόν, ὡς τάχιστα ἦλθεν ἐς τὴν Λυδίαν,
καὶ αὐτὸς ἄγγελος Κροίσῳ ἐφάνη. ἐνταῦθα Κροῖσος, ἐς
ἀπορίαν πολλὴν ἀφιγμένος, ὡς παρὰ δόξαν ἐγένετο τὸ
πρᾶγμα, ὅμως τοὺς Λυδοὺς ἐξῆγεν ἐς μάχην. ἦν δὲ τότε 20
ἔθνος οὐδὲν τῶν ἐν τῇ Ἀσίᾳ ἀνδρειότερον τοῦ Λυδίου·
καὶ ἐμάχοντο ἀφ᾽ ἵππων, δόρατά τε ἐφόρουν μεγάλα, καὶ
αὐτοὶ ἦσαν ἱππεύειν ἀγαθοί.

37. *Croesus leads out his troops from Sardis and is defeated.*

Ὁ δὲ Κῦρος, ὡς εἶδε τοὺς Λυδοὺς ἐς μάχην τασσο-
μένους ἐν πεδίῳ μεγάλῳ τε καὶ ψιλῷ, φοβούμενος τὴν 25
ἵππον ἐποίησε τοιόνδε. ὅσαι τῷ στρατῷ τῷ αὑτοῦ

εἵποντο σκευοφόροι κάμηλοι, ταύτας πάσας συλλέξας,
καὶ ἀφελὼν τὰ σκεύη, ἄνδρας ἐπ᾽ αὐτὰς ἀνεβίβασεν·
ἐκέλευσε δὲ προϊέναι πρὸς τὴν Κροίσου ἵππον, τὸν δὲ
πεζὸν στρατὸν ἕπεσθαι ταῖς καμήλοις· ὄπισθε δὲ ἐπέταξε
5 τὴν πᾶσαν ἵππον. τοῦτο δὲ ἐμηχανήσατο, ἵνα τῷ Κροίσῳ
ἄχρηστον εἴη τὸ ἱππικόν. κάμηλον γὰρ ἵππος φοβεῖται,
οὐδὲ ἀνέχεται οὔτε αὐτὴν ὁρῶν οὔτε τὴν ὀσμὴν ὀσφραινό-
μενος. ὡς δὲ συνῆσαν ἐς τὴν μάχην καὶ ὤσφροντο τῶν
καμήλων οἱ ἵπποι, ὀπίσω ἀνέστρεφον. οὐ μέντοι οἵ
10 γε Λυδοὶ ἐντεῦθεν δειλοὶ ἦσαν, ἀλλά, ὡς ἔμαθον τὸ γι-
γνόμενον, καταπηδήσαντες ἀπὸ τῶν ἵππων, πεζοὶ τοῖς
Πέρσαις συνέβαλλον. χρόνῳ δέ, πολλῶν πεσόντων,
ἐτράποντο οἱ Λυδοί· καὶ φυγόντες ἐς Σάρδεις ἐπολιορ-
κοῦντο ὑπὸ τῶν Περσῶν.

38. Capture of Sardis.

15 Σάρδεις δὲ ἑάλωσαν ὧδε· ἐπειδὴ τετάρτη καὶ δεκάτη
ἡμέρα ἐγένετο πολιορκουμένῳ Κροίσῳ, Κῦρος τοῖς στρα-
τιώταις ὑπέσχετο τῷ πρώτῳ ἐπιβάντι τοῦ τείχους δῶρα
δώσειν· μετὰ δὲ τοῦτο πολλοὶ προσέβαινον τῷ τείχει,
ὅπου ἐπίμαχον μάλιστα ἐδόκει εἶναι τὸ χωρίον, φυλακῆς
20 δὲ ἰσχυρᾶς καθεστηκυίας, ἀνεχώρησαν ἄπρακτοι. ἀνὴρ
δέ τις, Ὑδροιάδης ὀνόματι, ἐπειρᾶτο προσβαίνειν οὗπερ
οὐδεὶς ἐτέτακτο φύλαξ· ἀποτόμου γὰρ οὔσης ταύτῃ καὶ
ἀμάχου τῆς ἀκροπόλεως, οὐκ ἐφοβοῦντο οἱ Λυδοὶ μὴ
πολεμίων τις ἐπέλθοι. ἰδὼν δὲ τῇ προτεραίᾳ τῶν Λυδῶν
25 τινα ἀπὸ τῆς ἀκροπόλεως καταβάντα ἐπὶ κυνῆν ἄνωθεν
κατακυλισθεῖσαν καὶ ἀναλαβόντα, διενοεῖτο καὶ αὐτὸς
ἀναβῆναι. τότε δὴ αὐτός τε ἀνέβη καὶ ἄλλοι μετ᾽ αὐτόν.
πολλῶν δὲ προσβάντων, οὕτω Σάρδεις ἑάλωσαν.

39. *Croesus is saved by his dumb son.*

Πορθουμένης δὲ τῆς πόλεως, Περσῶν τις ἰδὼν τὸν Κροῖσον καὶ ἀγνοῶν ὅστις εἴη, ἤει ἐπ᾽ αὐτὸν ὡς ἀποκτενῶν. καὶ Κροῖσος μέν, τῇ παρούσῃ συμφορᾷ νικώμενος, ἥσυχος ἔμενεν. ἦν δὲ αὐτῷ παῖς, τὰ μὲν ἄλλα ἐπιεικής, ἄφωνος δέ. οὗτος οὖν, ἔτυχε γὰρ οὐ πόρρω καθήμενος, ὡς εἶδεν 5 ἐπιόντα τὸν Πέρσην, ὑπὸ δέους ἔρρηξε τὴν φωνήν, λέγων, "ὦ ἄνθρωπε, μὴ κτεῖνε Κροῖσον." καὶ τοῦτο μὲν πρῶτον ἐφθέγξατο· μετὰ δὲ τοῦτο ἐφώνει τὸν πάντα χρόνον τοῦ βίου. οἱ δὲ Πέρσαι τάς τε Σάρδεις ἔσχον, καὶ αὐτὸν τὸν Κροῖσον ἐζώγρησαν, ἄρξαντα ἔτη τεσσαρεσκαίδεκα. 10 λαβόντες δὲ αὐτὸν ἤγαγον παρὰ Κῦρον. ὁ δέ, συννήσας πυρὰν μεγάλην, ἀνεβίβασεν ἐπ᾽ αὐτὴν τὸν Κροῖσόν τε ἐν πέδαις δεδεμένον καὶ δὶς ἑπτὰ Λυδῶν σὺν αὐτῷ παῖδας, ἐθέλων ἢ ταῦτα τὰ ἀκροθίνια καθαγίσαι τοῖς θεοῖς ἢ καὶ εὐχὴν ἐπιτελέσαι. 15

40. *Croesus and the warning of Solon.*

Ὁ μὲν δὴ ταῦτα ἐποίει· ὁ δὲ Κροῖσος, ἑστὼς ἐπὶ τῇ πυρᾷ, ἐμνήσθη τοῦ ὑπὸ Σόλωνος εἰρημένου, ὅτι οὐδείς ἐστι τῶν ζώντων ὄλβιος. τοῦτο δὲ μνημονεύων, ἀνεστέναξε καὶ τρὶς ὠνόμασεν Σόλωνα. καὶ ὁ Κῦρος ἀκούσας ἐκέλευσε τοὺς ἑρμηνέας ἐπερωτῆσαι τὸν Κροῖσον διότι τοῦτον 20 ἐπικαλοῖτο. οἱ δὲ προσελθόντες ἐπηρώτων. Κροῖσος οὖν τέως μὲν σιγὴν εἶχεν ἐρωτώμενος· τέλος δέ, ὡς ἠναγκάζετο, εἶπεν, "ἦλθέ ποτε ὁ Σόλων, Ἀθηναῖος ὤν, καὶ θεασάμενος τὸν ἐμὸν ὄλβον κατεφρόνησεν· καὶ πάντα ἀποβέβηκεν ὥσπερ καὶ ἐκεῖνος εἶπεν, οὐδέν τι μᾶλλον ἐς 25 ἐμὲ λέγων ἢ ἐς πάντας τοὺς ἀνθρώπους, καὶ μάλιστα τοὺς σφίσιν αὐτοῖς δοκοῦντας ὀλβίους εἶναι."

41. The miraculous escape of Croesus.

Ὁ μὲν Κροῖσος ταῦτα ἐξηγήσατο· τῆς δὲ πυρᾶς
ἤδη ἡμμένης, ἐκαίετο τὰ ἔσχατα. καὶ ὁ Κῦρος ἀκούσας
ταῦτα μετέγνω τε τὴν διάνοιαν καὶ ἐκέλευσε τοὺς παρόντας
σβεννύναι ὡς τάχιστα τὸ πῦρ, καὶ καταβιβάζειν Κροῖσόν
5 τε καὶ τοὺς μετ᾽ αὐτοῦ· οἱ δέ, καίπερ πειρώμενοι, οὐ
δυνατοὶ ἦσαν ἔτι τοῦ πυρὸς ἐπικρατῆσαι. ἐνταῦθα
Κροῖσος, μαθὼν τὴν Κύρου μετάγνωσιν, ὡς ἑώρα πάντας
μὲν τοὺς ἄνδρας σβεννύντας τὸ πῦρ, δυναμένους δὲ οὐκέτι
καταλαβεῖν, τὸν Ἀπόλλωνα ἐπεκαλέσατο παραστῆναι
10 καὶ σῶσαι αὐτὸν ἐκ τοῦ παρόντος κακοῦ. ἐκ δὲ αἰθρίας
συνέδραμεν ἐξαίφνης νέφη, καὶ χειμὼν σὺν πολλῷ ὕδατι
ἐπέπεσεν, ὥστε κατασβεσθῆναι τὴν πυράν.

42. Croesus on Peace and War.

Οὕτω γνοὺς ὁ Κῦρος ὡς εἴη ὁ Κροῖσος καὶ θεοφιλὴς
καὶ ἀνὴρ ἀγαθός, κατεβίβασεν αὐτὸν ἀπὸ τῆς πυρᾶς καὶ
15 ἤρετο τάδε· "Κροῖσε, τίς σε ἀνθρώπων ἔπεισεν, ἐπὶ γῆν
τὴν ἐμὴν ἐπιστρατεύσαντα, πολέμιον ἀντὶ φίλου ἐμοὶ
γενέσθαι;" ὁ δὲ εἶπεν, "ὦ βασιλεῦ, αἴτιος τούτων ἐγένετο
ὁ Ἑλλήνων θεός, ἐπάρας ἐμὲ τοῖς Πέρσαις ἐπιστρατεύειν.
οὐδεὶς γὰρ οὕτως ἀνόητός ἐστιν ὥστε πόλεμον πρὸ εἰρήνης
20 αἱρεῖσθαι· ἐν μὲν γὰρ τῇ εἰρήνῃ οἱ παῖδες τοὺς πατέρας
θάπτουσιν, ἐν δὲ τῷ πολέμῳ οἱ πατέρες τοὺς παῖδας."
μετὰ δὲ ταῦτα ὁ Κῦρος ἐθαύμαζε τὸν Κροῖσον καὶ ἐφίλει·
καὶ ἄλλα τε πολλὰ ἐχαρίσατο αὐτῷ καὶ ὑπέσχετο, ὅ,τι
ἂν βούληται, ἐπιτελέσαι.

43. Croesus reproaches the Oracle for misleading him.

25 Ὁ δὲ εἶπεν, "ὦ δέσποτα, μάλιστα ἐμοὶ χαριεῖ
ἐάσας, πρὸς τὸν ἐν Δελφοῖς θεὸν πέμψαντα τάσδε τὰς

πέδας, ἐρωτῆσαι εἰ νόμος ἔστιν αὐτῷ τοὺς εὖ ποιοῦντας ἐξαπατᾶν." ἐρομένου δὲ τοῦ Κύρου διότι μέμφοιτο τῷ θεῷ, Κροῖσος τούς τε χρησμοὺς ἐξηγήσατο καὶ τὰ δῶρα ἃ αὐτὸς ἔπεμψεν· "τούτοις γὰρ τοῖς μαντείοις," ἔφη, "ἐπαρθείς, τοῖς Πέρσαις ἐπεστράτευσα. ἐξέστω οὖν 5 μοι ταῦτα τῷ θεῷ ὀνειδίσαι." Κῦρος δὲ γελάσας εἶπε, " καὶ τούτου τεύξει παρ᾽ ἐμοῦ, Κροῖσε, καὶ ἄλλου παντός, οὗ ἂν ἑκάστοτε δέῃ." ὡς δὲ ἤκουσε ταῦτα ὁ Κροῖσος, τῶν Λυδῶν τινας ἔπεμψεν ἐς Δελφοὺς καὶ ἐκέλευσεν αὐτούς, τὰς πέδας δεικνύντας, ἐρωτᾶν τὸν θεὸν εἰ οὐκ ἐπαισχύνεται 10 τοῖς μαντείοις πείσας Κροῖσον ἐπιστρατεύειν τοῖς Πέρσαις, ὡς καταπαύσοντα τὴν Κύρου δύναμιν.

The Oracle on its defence.

44. Ἀφικομένοις δὲ ἐς Δελφοὺς τοῖς Λυδοῖς, ὡς τὰς πέδας ἔδειξαν καὶ ἤγγειλαν τὰ ὑπὸ Κροίσου ἐντεταλμένα, ἡ Πυθία εἶπε τάδε· "τὸ πεπρωμένον τέλος ἀδύνατόν 15 ἐστιν ἀποφυγεῖν καὶ θεῷ. Κροῖσος δὲ τῆς τοῦ προγόνου ἁμαρτίας δίκην ἔδωκεν, ὃς ἀπέκτεινε τὸν δεσπότην καὶ ἔσχε τὴν ἐκείνου τιμὴν ἀδίκως. προθυμούμενος δὲ Λοξίας, ὅπως ἐπὶ τῶν παίδων τῶν Κροίσου γένοιτο τὸ Σάρδεων πάθος, καὶ μὴ ἐπ᾽ αὐτοῦ τοῦ Κροίσου, οὐχ οἷός τε ἦν 20 παραγαγεῖν τὰς μοίρας. ὅσον δὲ ἐνέδωκαν, ἐχαρίσατο αὐτῷ. τρία γὰρ ἔτη ἀνεβάλετο τὴν Σάρδεων ἅλωσιν. πρὸς δὲ τούτοις καιόμενον ἔσωσεν. πάντων γὰρ πειρωμένων κατασβέσαι τὴν πυράν, μόνος ὠφέλησεν αὐτὸν ὁ θεός, χειμῶνα ἐν εὐδίᾳ ποιήσας. 25

45. Καὶ περὶ τοῦ μαντείου οὐκ ὀρθῶς Κροῖσος μέμφεται αὐτῷ. προηγόρευε γὰρ ὁ Λοξίας, ἐὰν τοῖς Πέρσαις

ἐπιστρατεύῃ, μεγάλην ἀρχὴν αὐτὸν καταλύσειν. ἔδει δέ,
εἰ μέλλοι εὖ βουλεύεσθαι, ἀγγέλους αὖθις πέμψαντα
ἐπέρεσθαι, πότερον τὴν αὑτοῦ ἢ τὴν Κύρου λέγει ἀρχήν.
ἐπεὶ δὲ οὐ συνῆκε τοὺς λόγους, οὐδ' ἐπήρετο, αὐτὸς αἴτιος
5 ἐγένετο. καὶ περὶ τοῦ ἡμιόνου ἃ εἶπε Λοξίας, οὐδὲ ταῦτα
συνῆκεν. ἦν γὰρ δὴ Κῦρος οὗτος ὁ ἡμίονος, γονέων οὐχ
ὁμοφύλων παῖς ὤν, μητρὸς μὲν ἀμείνονος, πατρὸς δὲ
ὑποδεεστέρου. ἡ μὲν γὰρ ἦν Μηδὶς καὶ Ἀστυάγους
θυγάτηρ, τοῦ Μήδων βασιλέως, ὁ δὲ Πέρσης ἦν καὶ
10 ἐκείνων ὑπήκοος. σύμμικτος οὖν ἐστιν αὐτῷ ἡ γενεὰ οὐχ
ἧσσον ἢ τοῖς ἡμιόνοις." ταῦτα μὲν οἱ Λυδοὶ ἀπήγγειλαν
τῷ Κροίσῳ, ὁ δὲ ἀκούσας ἔμαθεν ὅτι αὐτοῦ εἴη ἡ ἁμαρτία
καὶ οὐ τοῦ θεοῦ.

(I. 53–91.)

How Athens triumphed at Marathon.

Darius, King of Persia, determined to take vengeance on the
Athenians and Eretrians for helping the Ionic cities in their
revolt against him and for burning Sardis, the capital of
Lydia. In 492 B.C. he sent Mardonius with a great fleet and
army against Greece, but the fleet was wrecked off the dangerous
promontory of Mount Athos, and a large part of the army was
lost in Thrace. Darius at once ordered preparations to be
made for another expedition, and meanwhile he dispatched
heralds to the states of Greece, demanding earth and water
as tokens of submission. Many of them complied with the
demand, but some refused, notably Sparta and Athens. In
490 B.C. the new force was sent under Datis and Artaphernes
with special orders to take Athens and Eretria, and was
defeated by the Athenians at Marathon. It will be noticed
that in this battle, one of the most famous in history, the
number of Athenians slain was only one hundred and
ninety-two.

46. *Darius sends a second expedition against Greece.*

Ὁ δὲ Δαρεῖος, βουλόμενος καταστρέψασθαι τῶν Ἑλ-
λήνων τοὺς μὴ αὐτῷ δόντας γῆν τε καὶ ὕδωρ, Μαρδόνιον
μὲν παραλύει τῆς στρατηγίας, ἄλλους δὲ στρατηγοὺς
ἀποδείξας, Δᾶτίν τε καὶ Ἀρταφέρνη, ἀπέστειλεν ἐπ᾽
Ἐρέτριαν καὶ Ἀθήνας· ἐκέλευσε δὲ ἀνδραποδίσαντας 5
ταύτας τὰς πόλεις ἄγειν ἑαυτοῦ εἰς ὄψιν τὰ ἀνδράποδα·
τοὺς γὰρ Ἀθηναίους καὶ τοὺς Ἐρετριέας μάλιστα ἐμίσει,
ὡς τοῖς Ἴωσιν ἐν τῇ ἀποστάσει βοηθήσαντας. ἐπεὶ δὲ οἱ
στρατηγοὶ οὗτοι πορευόμενοι παρὰ βασιλέως ἀφίκοντο
εἰς τὴν Κιλικίαν, ἐνταῦθα ἐστρατοπεδεύοντο· καὶ παρε- 10
γένετο ὁ ναυτικὸς πᾶς στρατός. εἰσβάντες δὲ ἔπλεον
ἑξακοσίαις τριήρεσιν εἰς τὴν Ἰωνίαν καὶ ἐντεῦθεν διὰ τοῦ
Ἰκαρίου πελάγους, δείσαντες μάλιστα, ὡς ἐμοὶ δοκεῖ, τὸν
περίπλουν τοῦ Ἄθω, ὅτι τῷ προτέρῳ ἔτει αἱ τῶν Περσῶν
νῆες ἐκεῖ διεφθάρησαν. 15

47. *Datis spares the sacred island.*

Ἐν ᾧ δὲ οὗτοι ταῦτα ἐποίουν, οἱ Δήλιοι, ἐκλιπόντες
τὴν Δῆλον, ᾤχοντο φεύγοντες εἰς Τῆνον. τῆς δὲ τῶν
Περσῶν στρατιᾶς καταπλεούσης, ὁ Δᾶτις οὐκ εἴα τὰς ναῦς
πρὸς τὴν νῆσον προσορμίζεσθαι· αὐτὸς δέ, πυθόμενος
ἵνα ἦσαν οἱ Δήλιοι, πέμπων κήρυκα εἶπεν αὐτοῖς τάδε· 20
" ἄνδρες ἱεροί, τί φεύγοντες οἴχεσθε, νομίζοντες ἐμὲ
πολέμιον εἶναι; δοκεῖ γὰρ ἐμοί, ὥσπερ καὶ βασιλεὺς
ἐπέστειλε, μήτε ταύτην τὴν χώραν, ἐν ᾗ οἱ δύο θεοὶ
ἐγένοντο, ἀδικεῖν μήτε τοὺς οἰκήτορας αὐτῆς. νῦν οὖν ἄπιτε
ἐπὶ τὰ ὑμέτερα καὶ τὴν νῆσον νέμεσθε." ταῦτα οὖν 25
ἐπικηρυκευσάμενος τοῖς Δηλίοις, Δᾶτις ἔπλει σὺν τῷ
στρατῷ ἐπὶ τὴν Ἐρέτριαν· προσβολῆς δὲ γενομένης

καρτερᾶς πρὸς τὸ τεῖχος, ἔπιπτον ἐφ' ἓξ ἡμέρας πολλοὶ
μὲν ἀμφοτέρων, τῇ δὲ ἑβδόμῃ Εὐφορβός τε καὶ Φίλαγρος,
ἄνδρες τῶν Ἐρετριέων δόκιμοι, προδιδόασι τὴν πόλιν
τοῖς Πέρσαις.

48. The Persians come to Marathon. The Athenians ask for help at Sparta.

5 Καὶ μετ' ὀλίγας ἡμέρας οἱ Πέρσαι πλεύσαντες κατ-
έσχον τὰς ναῦς κατὰ Μαραθῶνα τῆς Ἀττικῆς· Ἀθηναῖοι
δέ, ὡς ἐπύθοντο, ἐβοήθουν καὶ αὐτοὶ εἰς τὸν Μαραθῶνα.
ἔτι δὲ ὄντες ἐν τῇ πόλει οἱ στρατηγοὶ ἀποπέμπουσιν εἰς
Σπάρτην κήρυκα Φειδιππίδην, τάχιστον ὄντα ἡμεροδρόμον.
10 οὗτος, πεμφθεὶς ὑπὸ τῶν στρατηγῶν, δευτεραῖος ἐκ τῶν
Ἀθηνῶν ἦν ἐν Σπάρτῃ, ἀφικόμενος δὲ πρὸς τοὺς ἄρχοντας
ἔλεγε τάδε· "ὦ Λακεδαιμόνιοι, Ἀθηναῖοι ὑμῶν δέονται
βοηθῆσαι καὶ μὴ περιιδεῖν πόλιν ἀρχαιοτάτην ἐν τοῖς
Ἕλλησι διαφθειρομένην ὑπ' ἀνδρῶν βαρβάρων. καὶ γὰρ
15 Ἐρέτρια νῦν ἠνδραπόδισται, καὶ πόλει ἀξιολόγῳ ἡ Ἑλλὰς
γέγονεν ἀσθενεστέρα." ὁ μὲν δὴ ταῦτα ἀπήγγειλεν·
τοῖς δὲ ἐδόκει μὲν βοηθεῖν τοῖς Ἀθηναίοις, ἀδύνατα δὲ ἦν ἐν
τῷ παραυτίκα ποιεῖν ταῦτα· κατὰ γὰρ τὸν νόμον ἔδει τὴν
πανσέληνον περιμένειν.

49. The vote of the Polemarch.

20 Τοῖς δὲ τῶν Ἀθηναίων στρατηγοῖς ἐγίγνοντο δίχα αἱ
γνῶμαι· οἱ μὲν γὰρ οὐκ εἴων μάχεσθαι, φάσκοντες αὐτοὶ
μὲν ὀλίγοι εἶναι, τοὺς δὲ Μήδους πολὺ πλείονας, οἱ δὲ
ἐκέλευον εἰς χεῖρας ἐλθεῖν τοῖς πολεμίοις ὡς τάχιστα· ἐν
οἷς ἦν ὁ Μιλτιάδης. τότε δὲ πολέμαρχος ἦν Καλλίμαχος,
25 ἰσόψηφος ὢν τοῖς στρατηγοῖς· πρὸς τοῦτον οὖν ἐλθὼν
ὁ Μιλτιάδης ἔλεγε τάδε· "ἔξεστί σοι νῦν, Καλλίμαχε, ἢ

καταδουλῶσαι Ἀθήνας, ἢ ἐλευθέρας ποιήσαντα μνημόσυνα
κάλλιστα τοῖς ἐπιγιγνομένοις παραδοῦναι. νῦν γὰρ δὴ
Ἀθηναῖοι εἰς κίνδυνον ἥκουσι μέγιστον. καὶ ἢν μὲν ἐνδῶσι
τοῖς Μήδοις, τὰ ἔσχατα πείσονται, παραδεδομένοι Ἱππίᾳ,
ἢν δὲ περιγένηται ἡ πόλις, πρώτη τῶν Ἑλληνίδων πόλεων 5
γενήσεται." ταῦτα λέγων ὁ Μιλτιάδης πείθει τὸν Καλλί-
μαχον· προσγενομένης δὲ τοῦ πολεμάρχου τῆς γνώμης,
ἐδόκει μάχεσθαι.

50. *Miltiades draws up the Athenians for battle at Marathon.*

Ὡς δὲ εἰς Μιλτιάδην περιῆλθεν ἡ πρυτανεία τῆς ἡμέρας,
ἐνταῦθα δὴ ἐτάσσοντο ὧδε οἱ Ἀθηναῖοι. τοῦ μὲν δεξιοῦ 10
κέρως ἡγεῖτο ὁ πολέμαρχος Καλλίμαχος· ὁ γὰρ νόμος ἦν
τότε τοῖς Ἀθηναίοις τὸν πολέμαρχον ἔχειν κέρας τὸ
δεξιόν. καὶ ἐντεῦθεν ἐτάσσοντο ἐφεξῆς αἱ φυλαί, ἐχόμεναι
ἀλλήλων, τελευταῖοι δὲ εἶχον τὸ εὐώνυμον κέρας οἱ Πλα-
ταιῆς· οὗτοι γάρ, εὐεργετηθέντες πάλαι ὑπὸ τῶν Ἀθηναίων, 15
ἐπεὶ ἐπίεζον αὐτοὺς οἱ Θηβαῖοι, παρῆσαν ἐν τῇ μάχῃ
βοηθοῦντες πανδημεί. τότε δέ, τασσομένων τῶν Ἀθηναίων
ἐν Μαραθῶνι, ἐγίγνετο τοιόνδε τι. ἐπεὶ τὸ στρατόπεδον
ἐξισοῦτο τῷ Μηδικῷ στρατοπέδῳ, τὸ μὲν αὐτοῦ μέσον
ἐγίγνετο ἐπ' ἀσπίδων ὀλίγων, καὶ ἐν τούτῳ ἀσθενέστατον 20
ἦν τὸ στρατόπεδον, τὸ δὲ κέρας ἑκάτερον ἰσχυρὸν ἦν
πλήθει. οὕτως οὖν ἐτάχθησαν οἱ Ἀθηναῖοι.

51. *The charge of the Athenians.*

Ὡς δὲ τὰ σφάγια ἐγίγνετο καλά, ἐνταῦθα δρόμῳ ἵεντο
ἐπὶ τοὺς βαρβάρους· ἦσαν δὲ ἐν τῷ μεταξὺ στάδιοι οὐκ
ἐλάσσονες ἢ ὀκτώ. οἱ δὲ Πέρσαι, ὁρῶντες δρόμῳ ἐπιόντας, 25
παρεσκευάζοντο ὡς δεξόμενοι, μαίνεσθαί τε τοὺς Ἀθη-

ναίους ἐνόμιζον καὶ ἐπ' ὄλεθρον φέρεσθαι· ἠσθάνοντο γὰρ
αὐτοὺς ὄντας ὀλίγους καὶ δρόμῳ ἐπειγομένους, οὔτε ἵππου
ὑπαρχούσης αὐτοῖς οὔτε τοξοτῶν. ταῦτα μὲν οἱ βάρβαροι
εἴκαζον· Ἀθηναῖοι δέ, ἐπεὶ ἀθρόοι προσέμιξαν τοῖς βαρ-
5 βάροις, ἐμάχοντο ἀξίως λόγου. πρῶτοι μὲν γὰρ Ἑλλήνων
πάντων δρόμῳ ἐπὶ πολεμίους ἐχρήσαντο, πρῶτοι δὲ
ἠνέσχοντο ἐσθῆτά τε Μηδικὴν ὁρῶντες καὶ τοὺς ἄνδρας
ταύτην φοροῦντας· πρότερον δὲ ἦν τοῖς Ἕλλησι καὶ τὸ
ὄνομα τῶν Μήδων φοβερόν.

52. Victory of the Athenians.

10 Μάχης δὲ ἐν τῷ Μαραθῶνι πολὺν ἤδη χρόνον γιγνο-
μένης, τὸ μὲν μέσον τοῦ στρατοπέδου ἐνίκων οἱ βάρβαροι,
ἐν ᾧ Πέρσαι τε αὐτοὶ καὶ Σάκαι ἐτάχθησαν, καὶ ῥήξαντες
ἐδίωκον εἰς τὴν μεσόγαιαν· τὸ δὲ κέρας ἑκάτερον ἐνίκων
Ἀθηναῖοί τε καὶ Πλαταιῆς. νικῶντες δέ, τοὺς μὲν
15 τετραμμένους τῶν βαρβάρων φεύγειν εἴων, τοῖς δὲ τὸ
μέσον ῥήξασιν ἐμάχοντο, συναγαγόντες τὰ κέρα ἀμφότερα,
καὶ ἐνίκων Ἀθηναῖοι. φεύγουσι δὲ τοῖς Πέρσαις εἵποντο
κόπτοντες ἕως, ἐπὶ τὴν θάλασσαν ἀφικόμενοι, πῦρ τε
ᾔτουν καὶ ἐπελαμβάνοντο τῶν νεῶν. καὶ ἐν ταύτῃ τῇ
20 μάχῃ ὁ πολέμαρχος Καλλίμαχος διαφθείρεται, ἀνὴρ
γενόμενος ἀγαθός, ἀπέθανε δὲ εἷς τῶν στρατηγῶν Στη-
σίλαος, καὶ Κυναίγειρος ὁ Εὐφορίωνος ἐπιλαβόμενος τῶν
ἀφλάστων νεώς, τὴν χεῖρα ἀποκοπεὶς πελέκει, πίπτει.

53. The attempt to surprise Athens.

Ἑπτὰ μὲν τῶν νεῶν ἐπεκράτησαν τρόπῳ τοιούτῳ
25 Ἀθηναῖοι, ταῖς δὲ λοιπαῖς οἱ βάρβαροι ἀνακρουσάμενοι,
καὶ ἀναλαβόντες τὰ ἐξ Ἐρετρίας ἀνδράποδα ἐκ τῆς νήσου
ἐν ᾗ ἔλιπον αὐτά, περιέπλεον Σούνιον, βουλόμενοι φθῆναι

τοὺς Ἀθηναίους εἰς τὴν πόλιν ἀφικόμενοι. τῶν γὰρ ἐν Ἀθήναις τινὲς ἀνέδειξαν ἐκ τῶν ὀρῶν ἀσπίδα, ἵνα τοῦτο τὸ σημεῖον ἰδόντες ἀπροσδοκήτως ἐπέλθοιεν τῇ πόλει. οὗτοι μὲν δὴ περιέπλεον Σούνιον. Ἀθηναῖοι δὲ ὡς τάχιστα ἐβοήθουν, καὶ ἔφθασαν ἀφικόμενοι πρὶν τοὺς βαρβάρους 5 ἥκειν, καὶ ἐστρατοπεδεύσαντο ἐν τῷ Ἡρακλείῳ. οἱ δὲ βάρβαροι ὁρμισάμενοι κατὰ Φάληρον, τοῦτο γὰρ ἦν ἐπίνειον τότε τῶν Ἀθηναίων, ὡς ἐπύθοντο τοὺς ἀπὸ Μαραθῶνος ἥκοντας, ἀπέπλεον ὀπίσω εἰς τὴν Ἀσίαν. ἐν δὲ ταύτῃ τῇ ἐν Μαραθῶνι μάχῃ ἀπέθανον τῶν βαρβάρων 10 ἑξακισχίλιοι καὶ τετρακόσιοι ἄνδρες· Ἀθηναίων δὲ ἑκατὸν ἐνενήκοντα καὶ δύο.

(VI. 94–117.)

THE HISTORY OF THUCYDIDES

Thucydides (Θουκυδίδης), the great Athenian historian, is said to have been born 471 B.C. We know that he survived the end of the Peloponnesian War, 404 B.C., and he must have died not long afterwards. He was a rich man, owning gold mines in Thrace, and seems to have been little engaged in public affairs; but he was in command of a squadron of seven ships at the island of Thasos, when Amphipolis was taken by the Lacedaemonian general, Brasidas; and he was banished for twenty years on a charge of failing in his duty to relieve the place.

The subject of the history is the war between Athens and Sparta, the two foremost states of Greece, supported by their respective allies. That war appeared to Thucydides, as he tells us, and no doubt to his contemporaries also, more important than any that had come before it; but it cannot have for us the interest that we feel in the great shock of East and West

described by Herodotus. The reputation of his history is due
to the unsurpassed brilliancy of the narrative, and in some
degree to the fact that he had peculiar opportunities for know-
ing the truth about both sides, and on the whole wrote with
remarkable judgment and impartiality.

The Peloponnesian War lasted from 431 to 404 B.C., and the
narrative of Thucydides, divided into eight books, covers the
period from the outbreak till 411. Sparta was supported by
most of the states of the Peloponnesus and by some outside it,
especially by the league of the Boeotian cities under Thebes ;
it is important to remember that one of these cities, Plataea,
had allied itself with Athens. The chief support of Athens
came from the islands and coast towns of the Aegean. Thus
at the beginning of the war Sparta was stronger on land, but
Athens had a much better fleet and greater resources in money.

The first set of extracts contains the story of the treachery of
the Spartan general, Pausanias, who had won a great reputa-
tion by commanding the Greek forces against the Persians at
the battle of Plataea, 479 B.C. ; it is introduced by Thucydides
into his first book, which deals with events preceding the
outbreak of the war. The second set describes the unsuccessful
attempt of the Thebans to surprise Plataea, 431 B.C., before war
had formally begun, followed by the siege, the escape of part of
the garrison, and the reduction of the town. The third set is
concerned with the notable Athenian success in capturing the
island of Sphacteria, 425 B.C.

The Story of Pausanias.

54. *Pausanias, after reducing Cyprus and Byzantium, is
recalled to answer accusations made against him at home.*

Παυσανίας ὁ Κλεομβρότου ἐκ Λακεδαίμονος στρατηγὸς
τῶν Ἑλλήνων ἐξεπέμφθη μετ᾽ εἴκοσι νεῶν· συνέπλεον δὲ
καὶ Ἀθηναῖοι τριάκοντα ναυσὶ καὶ τῶν ἄλλων συμμάχων

πλῆθος. καὶ ἐστράτευσαν ἐς Κύπρον καὶ αὐτῆς τὰ πολλὰ
κατεστρέψαντο, καὶ Βυζάντιον, ὃ εἶχον Μῆδοι, ὕστερον
ἐξεπολιόρκησαν. ἤδη δὲ βιαίου ὄντος αὐτοῦ, οἵ τε ἄλλοι
Ἕλληνες ἤχθοντο καὶ οὐχ ἥκιστα οἱ Ἴωνες καὶ ὅσοι ἀπὸ
βασιλέως νεωστὶ ἠλευθέρωντο· φοιτῶντές τε πρὸς τοὺς 5
Ἀθηναίους ἠξίουν αὐτοὺς ἡγεμόνας σφῶν γενέσθαι καὶ
Παυσανίᾳ μὴ ἐπιτρέπειν τὴν ἡγεμονίαν. ἐν τούτῳ δὲ οἱ
Λακεδαιμόνιοι μετεπέμποντο Παυσανίαν· καὶ γὰρ ἀδικίαν
πολλὴν κατηγόρουν αὐτοῦ οἱ Ἕλληνες, καὶ τυραννίδος
ἐφαίνετο μίμησις ἡ στρατηγία.   10

55. *Being acquitted, he goes out privately to the Hellespont and begins an intrigue with Xerxes, King of Persia.*

Ὡς δὲ ἀπελύθη τῶν κατηγοριῶν, ἐκεῖνον μὲν οὐκέτι
ἐκπέμπουσιν ἄρχοντα, ἰδίᾳ δὲ αὐτὸς τριήρη λαβὼν ἀφ-
ικνεῖται ἐς Ἑλλήσποντον, τῷ μὲν λόγῳ ὑπὲρ τῶν Ἑλλήνων
πολεμήσων, τῷ δὲ ἔργῳ βασιλεῖ χαρίζεσθαι βουλόμενος,
ὥσπερ καὶ τὸ πρῶτον ἐπεχείρησεν, ἐφιέμενος τῆς Ἑλλη- 15
νικῆς ἀρχῆς. Βυζάντιον γὰρ ἑλὼν μετὰ τὴν ἐκ Κύπρου
ἀναχώρησιν, Μήδους τινὰς καὶ βασιλέως προσήκοντας καὶ
συγγενεῖς, οἳ ἑάλωσαν ἐν αὐτῷ, ἀποπέμπει βασιλεῖ κρύφα
τῶν ἄλλων συμμάχων. ἔπρασσε δὲ ταῦτα μετὰ Γογγύλου
τοῦ Ἐρετριέως, ᾧπερ ἐπέτρεψε τό τε Βυζάντιον καὶ τοὺς 20
αἰχμαλώτους. ἔπεμψε δὲ καὶ ἐπιστολὴν τὸν Γόγγυλον
φέροντα αὐτῷ· ἐνεγέγραπτο δὲ τάδε ἐν αὐτῇ, ὡς ὕστερον
ἀνευρέθη.

56. *Letter of Pausanias to Xerxes.*

"Παυσανίας ὁ ἡγεμὼν τῆς Σπάρτης τούσδε τέ σοι
χαρίζεσθαι βουλόμενος ἀποπέμπει, δορὶ ἑλών, καὶ γνώμην 25
ποιοῦμαι, εἰ καὶ σοὶ δοκεῖ, θυγατέρα τε τὴν σὴν γῆμαι

καί σοι Σπάρτην τε καὶ τὴν ἄλλην Ἑλλάδα ὑποχείριον
ποιῆσαι. δυνατὸς δὲ δοκῶ εἶναι ταῦτα πρᾶξαι μετὰ σοῦ
βουλευόμενος. εἰ οὖν τί σε τούτων ἀρέσκει, πέμπε ἄνδρα
πιστὸν ἐπὶ θάλασσαν, δι᾽ οὗ τὸ λοιπὸν τοὺς λόγους
5 ποιησόμεθα." τοσαῦτα μὲν ἡ γραφὴ ἐδήλου, Ξέρξης δὲ
ἥσθη τε τῇ ἐπιστολῇ καὶ ἀποστέλλει Ἀρτάβαζον ἐπὶ
θάλασσαν, καὶ κελεύει αὐτὸν παρὰ Παυσανίαν ἐπιστολὴν
ὡς τάχιστα διαπέμψαι. ὁ δὲ ἀφικόμενος τὴν ἐπιστολὴν
διέπεμψεν· ἀντεγέγραπτο δὲ τάδε.

57. Reply of Xerxes. Its effect upon Pausanias.

10 "᾽Ὧδε λέγει βασιλεὺς Ξέρξης Παυσανίᾳ. καὶ τῶν
ἀνδρῶν ἕνεκα, οὕς μοι πέραν τῆς θαλάσσης ἐκ Βυζαντίου
ἔσωσας, κεῖταί σοι εὐεργεσία ἐν τῷ ἡμετέρῳ οἴκῳ ἐσαεὶ
ἀνάγραπτος, καὶ τοῖς λόγοις τοῖς ἀπὸ σοῦ ἀρέσκομαι.
καί σε μήτε νὺξ μήτε ἡμέρα ἐπισχέτω, ἀλλὰ μετ᾽ Ἀρτα-
15 βάζου ἀνδρὸς ἀγαθοῦ, ὅν σοι ἔπεμψα, πράσσε θαρσῶν
καὶ τὰ ἐμὰ καὶ τὰ σά, ὅπη κάλλιστα καὶ ἄριστα ἕξει
ἀμφοτέροις." ταῦτα τὰ γράμματα λαβὼν ὁ Παυσανίας,
ὧν καὶ πρότερον ἐν μεγάλῳ ἀξιώματι διὰ τὴν Πλαταιᾶσιν
ἡγεμονίαν, πολλῷ τότε μᾶλλον ἐσεμνύνετο· καὶ οὐκέτι
20 ἐδύνατο ἐν τῷ καθεστηκότι τρόπῳ βιοτεύειν, ἀλλὰ σκευὰς
Μηδικὰς ἐνδυόμενος ἐκ τοῦ Βυζαντίου ἐξῄει, καὶ διὰ τῆς
Θρᾴκης πορευόμενον αὐτὸν Μῆδοι καὶ Αἰγύπτιοι ἐδορυ-
φόρουν· δυσπρόσοδόν τε αὐτὸν παρεῖχεν, ὥστε μηδένα
δύνασθαι προσιέναι.

58. He is recalled a second time.

25 Οἱ δὲ Λακεδαιμόνιοι τὸ πρῶτον δι᾽ αὐτὰ ταῦτα
ἀνεκάλεσαν αὐτόν, καὶ ἐπειδὴ τὸ δεύτερον ἐκπλεύσας
τοιαῦτα ἐφαίνετο ποιῶν, οὐκέτι ἐπέσχον οἱ ἔφοροι, ἀλλὰ

πέμψαντες κήρυκα καὶ σκυτάλην ἐκέλευσαν αὐτὸν μετὰ
τοῦ κήρυκος ἀναχωρῆσαι. ὁ δὲ βουλόμενος ὡς ἥκιστα
ὕποπτος εἶναι καὶ πιστεύων χρήμασι διαλύσειν τὴν
διαβολὴν ἀνεχώρει τὸ δεύτερον ἐς Σπάρτην. καὶ φανερὸν
μὲν εἶχον οὐδὲν οἱ ἔφοροι σημεῖον τῆς προδοσίας, ὑποψίαν 5
δὲ πολλὴν παρεῖχε τῇ τε παρανομίᾳ καὶ ζηλώσει τῶν
βαρβάρων· καὶ ἐπὶ τὸν τρίποδά ποτε τὸν ἐν Δελφοῖς,
ὃν ἀνέθεσαν οἱ Ἕλληνες ἀπὸ τῶν Μήδων ἀκροθίνιον,
ἐπεγράψατο αὐτὸς ἰδίᾳ τὸ ἐλεγεῖον τόδε·

Ἑλλήνων ἀρχηγός, ἐπεὶ στρατὸν ὤλεσε Μήδων, 10
Παυσανίας Φοίβῳ μνῆμ' ἀνέθηκε τόδε.

59. Proof of treachery.

Τὸ μὲν οὖν ἐλεγεῖον οἱ Λακεδαιμόνιοι ἐξεκόλαψαν εὐθὺς
τότε ἀπὸ τοῦ τρίποδος, καὶ ἐπέγραψαν ὀνομαστὶ τὰς
πόλεις ὅσαι, συγκαθελοῦσαι τὸν βάρβαρον, ἔστησαν τὸ
ἀνάθημα. τοῦ μέντοι Παυσανίου ἀδίκημα καὶ τοῦτο ἐδόκει 15
εἶναι, ἐπυνθάνοντο δὲ καὶ τοῖς Εἵλωταις ὑπισχνεῖσθαι
αὐτὸν ἐλευθέρωσιν καὶ πολιτείαν, ἣν συνεπαναστῶσιν.
ἀλλ' οὐδὲ ὡς ἠξίωσαν ἄνευ ἀναμφισβητήτων τεκμηρίων
ἄνδρα Σπαρτιάτην συλλαβεῖν, πρίν γε δὴ αὐτοῖς, ὡς
λέγεται, ὁ μέλλων τὰς τελευταίας βασιλεῖ ἐπιστολὰς 20
πρὸς Ἀρτάβαζον κομιεῖν μηνυτὴς γίγνεται· ἐνθυμηθεὶς
γὰρ ὅτι οὐδεὶς πω τῶν πρὸ ἑαυτοῦ ἀγγέλων πάλιν
ἀφίκετο, λύει τὰς ἐπιστολάς, ἐν αἷς εὗρεν ἐγγεγραμμένον
ὅτι δεῖ τὸν φέροντα ἀποκτεῖναι.

60. Death of Pausanias.

Τότε δὲ οἱ ἔφοροι, δείξαντος αὐτοῦ τὰ γράμματα, ὡς 25
βεβαίως ἤδη εἰδότες, ἐν τῇ πόλει Παυσανίαν συλλαβεῖν

ἐβούλοντο· ὁ δέ, ὡς ἑνὸς μὲν τῶν ἐφόρων τὸ πρόσωπον
προσιόντος εἶδεν, ὑπόπτης γίγνεται, ἄλλου δὲ νεύματι
ἀφανεῖ δηλώσαντος τὸ γενησόμενον, πρὸς τὸ ἱερὸν τῆς
Ἀθηνᾶς ἐχώρησε δρόμῳ καὶ προκατέφυγεν· ἦν γὰρ ἐγγὺς
5 τὸ τέμενος. καὶ ἐς οἴκημα οὐ μέγα, ὃ ἦν τοῦ ἱεροῦ,
ἐσελθὼν ἡσύχαζεν· οἱ δὲ ὕστερον ἀφικόμενοι τοῦ τε
οἰκήματος τὸν ὄροφον ἀφεῖλον καὶ τὰς θύρας ἀπῳκο-
δόμησαν, προσκαθεζόμενοί τε ἐξεπολιόρκησαν λιμῷ. καὶ
μέλλοντος αὐτοῦ ἀποψύχειν ἐν τῷ οἰκήματι, αἰσθόμενοί
10 τε ἐξάγουσιν ἐκ τοῦ ἱεροῦ ἔτι ἔμπνουν ὄντα, καὶ ἐξαχθεὶς
ἀπέθανε παραχρῆμα.

(I. 94–95, 128–134.)

The Story of Plataea.

61. The Thebans surprise Plataea by night. 431 B.C.

Ἅμα δὲ ἦρι ἀρχομένῳ Θηβαίων ἄνδρες ὀλίγῳ πλείους
τριακοσίων ἐσῆλθον περὶ πρῶτον ὕπνον σὺν ὅπλοις ἐς
Πλάταιαν, τῆς μὲν Βοιωτίας οὖσαν πόλιν, Ἀθηναίων δὲ
15 συμμαχίδα. ἐπηγάγοντο δὲ αὐτοὺς καὶ ἀνέῳξαν τὰς
πύλας Πλαταιῶν ἄνδρες Ναυκλείδης καὶ οἱ μετ᾽ αὐτοῦ,
βουλόμενοι τοὺς τῶν πολιτῶν σφίσιν ὑπεναντίους δια-
φθεῖραι καὶ τὴν πόλιν Θηβαίοις προσποιῆσαι. προϊδόντες
γὰρ οἱ Θηβαῖοι ὅτι ἔσοιτο ὁ πόλεμος ἠβούλοντο τὴν
90 Πλάταιαν, ἀεὶ σφίσι διάφορον οὖσαν, ἔτι ἐν τῇ εἰρήνῃ
προκαταλαβεῖν. ἐσελθόντες δὲ ἐς οὐδένα οὐδὲν ἐνεω-
τέριζον, ἀλλὰ κηρύγμασιν ἐπιτηδείοις ἐπειρῶντο ἐς φιλίαν
ἀγαγεῖν τὴν πόλιν· οἱ δὲ Πλαταιῆς, ὡς ἤσθοντο ἔνδον
ὄντας τοὺς Θηβαίους, νομίσαντες πολλῷ πλείους ἐσεληλυ-
25 θέναι, οὐ γὰρ ἑώρων ἐν τῇ νυκτί, τὸ μὲν πρῶτον ἡσύχαζον.

62. *They are attacked and scattered by the inhabitants.*

Πράσσοντες δὲ ταῦτα κατενόησαν οὐ πολλοὺς τοὺς Θηβαίους ὄντας, καὶ ἐνόμισαν ῥάδιον εἶναι ἐπιθεμένους κρατῆσαι. συνελέγοντο οὖν διορύσσοντες τοὺς κοινοὺς τοίχους παρ' ἀλλήλους, ὅπως μὴ διὰ τῶν ὁδῶν φανεροὶ ὦσιν ἰόντες, ἁμάξας τε ἄνευ τῶν ὑποζυγίων ἐς τὰς ὁδοὺς 5 καθίστασαν, ἵνα ἀντὶ τείχους εἶεν. ἐπεὶ δὲ πάντα ἦν ἕτοιμα, ἔτι νυκτὸς οὔσης, ἐχώρουν ἐκ τῶν οἰκιῶν ἐπ' αὐτοὺς καὶ ἐς χεῖρας ἦσαν κατὰ τάχος. οἱ δὲ Θηβαῖοι, ὡς ἔγνωσαν τὰ γιγνόμενα, καρτερῶς ἠμύνοντο· καὶ δὶς ἢ τρὶς τὰς προσβολὰς ἀπεκρούσαντο, ἔπειτα, λίθοις τε καὶ κεράμῳ 10 ἀπὸ τῶν οἰκιῶν βαλλόμενοι, ἐφοβήθησαν καὶ τραπόμενοι ἔφυγον διὰ τῆς πόλεως, ἄπειροι ὄντες ἐν τῷ σκότῳ τῶν διόδων ᾗ χρὴ σωθῆναι.

63. *They are killed or captured.*

Τῶν δὲ Πλαταιῶν τις τὰς πύλας ᾗ ἐσῆλθον, καὶ αἵπερ ἦσαν ἀνεῳγμέναι μόναι, ἔκλησεν ὥστε μηδὲ ταύτῃ ἔτι 15 ἔξοδον εἶναι. διωκόμενοι δὲ κατὰ τὴν πόλιν, οἱ μὲν ἐπὶ τὸ τεῖχος ἀναβάντες ἔρριψαν ἐς τὸ ἔξω σφᾶς αὐτοὺς καὶ διεφθάρησαν, οἱ δὲ ἐς πύλας ἐρήμους ἀφικόμενοι καὶ πελέκει, ὃν γυνή τις ἔδωκε, διακόψαντες τὸν μοχλὸν ἐξῆλθον. οἱ δὲ πολλοὶ ἐσπίπτουσιν ἐς οἴκημα μέγα, ὃ 20 ἦν τοῦ τείχους, οἰόμενοι τὰς θύρας τοῦ οἰκήματος πύλας εἶναι τῆς πόλεως καὶ ἄντικρυς δίοδον ἐς τὸ ἔξω. ὁρῶντες δὲ αὐτοὺς οἱ Πλαταιῆς ἀπειλημμένους ἐβουλεύοντο ὅ,τι χρὴ δρᾶν. τέλος δὲ οὗτοί τε καὶ ὅσοι ἄλλοι τῶν Θηβαίων περιῆσαν κατὰ τὴν πόλιν πλανώμενοι τοῖς 25 Πλαταιεῦσι παρέδοσαν σφᾶς αὐτούς.

64. *The supporting force arrives too late.*

Οἱ δὲ ἄλλοι Θηβαῖοι, οὓς ἔδει ἔτι τῆς νυκτὸς παρα-
γενέσθαι πανστρατιᾷ, μαθόντες ἐν τῇ ὁδῷ τὰ γεγενημένα,
πολλῇ σπουδῇ ἐπεβοήθουν. ἀπέχει δὲ ἡ Πλάταια τῶν
Θηβῶν σταδίους ἑβδομήκοντα, καὶ τὸ ὕδωρ τὸ γιγνόμενον
5 τῆς νυκτὸς ἐποίησεν αὐτοὺς βραδύτερον ἐλθεῖν· ὁ γὰρ
Ἀσωπὸς ποταμὸς ἐρρύη μέγας καὶ οὐ ῥᾳδίως διαβατὸς ἦν.
πορευόμενοί τε ἐν ὑετῷ καὶ τὸν ποταμὸν μόλις διαβάντες
ὕστερον παρεγένοντο, ἤδη γὰρ τῶν ἀνδρῶν οἱ μὲν διε-
φθάρησαν, οἱ δὲ ὑπὸ τῶν πολεμίων εἴχοντο. ὡς δὲ ᾔσθοντο
10 οἱ Θηβαῖοι τὸ γεγενημένον, ἐν νῷ εἶχον τοὺς ἔξω τῆς
πόλεως λαβεῖν· ἦσαν γὰρ ἄνθρωποι κατὰ τοὺς ἀγρούς,
ἀπροσδοκήτως ἐν εἰρήνῃ τῆς ἐφόδου γενομένης.

65. *Fate of the prisoners.*

Καὶ οἱ μὲν ταῦτα διενοοῦντο· οἱ δὲ Πλαταιῆς, ὑποτοπή-
σαντες τοιοῦτόν τι ἔσεσθαι, κήρυκα ἐξέπεμψαν παρὰ τοὺς
15 Θηβαίους, λέγοντες τοιάδε· "οὐχ ὁσίως ἐν σπονδαῖς
ἐπειράθητε καταλαβεῖν τὴν πόλιν· ἢν δὲ τοὺς ἔξω ἀδική-
σητε, τοὺς ἄνδρας ἀποκτενοῦμεν οὓς ἔχομεν ζῶντας·
ἀναχωρήσασι δὲ πάλιν ἐκ τῆς γῆς ἀποδώσομεν ὑμῖν τοὺς
ἄνδρας." οἱ μὲν οὖν Θηβαῖοι ταῦτα ἐπομόσαι φασὶν
20 αὐτούς, οἱ δὲ Πλαταιῆς οὔ. ἐκ δὲ τῆς γῆς ἀνεχώρησαν
οἱ Θηβαῖοι οὐδὲν ἀδικήσαντες, οἱ δὲ Πλαταιῆς, καίπερ
ὑποσχόμενοι ἀποδώσειν τοὺς ἄνδρας, εὐθὺς ἀπέκτειναν
αὐτούς· ἦσαν δὲ ὀγδοήκοντα καὶ ἑκατὸν οἱ ληφθέντες.
τοῦτο δὲ ποιήσαντες, ἔς τε τὰς Ἀθήνας ἄγγελον ἔπεμπον
25 καὶ τοὺς νεκροὺς ὑποσπόνδους ἀπέδοσαν τοῖς Θηβαίοις.

(II. 1–6.)

66. *The Peloponnesian forces, led by the Lacedaemonian king Archidamus, had tried in vain to take Plataea by assault; they determined at last to reduce it by blockade.* 429 B.C.

Οἱ δὲ Πελοποννήσιοι, ἐπειδὴ καὶ τούτου διήμαρτον, μέρος τι καταλιπόντες τοῦ στρατοπέδου, περιετείχιζον τὴν πόλιν κύκλῳ· τάφρος δὲ ἐντός τε ἦν καὶ ἔξωθεν ἐξ ἧς ἐπλινθεύσαντο. καὶ ἐπειδὴ πᾶν ἐξείργαστο περὶ ἀρκτούρου ἐπιτολάς, καταλιπόντες φύλακας τοῦ ἡμίσεος (τὸ 5 δὲ ἥμισυ Βοιωτοὶ ἐφύλασσον) ἀνεχώρησαν καὶ διελύθησαν κατὰ πόλεις. Πλαταιῆς δὲ παῖδας μὲν καὶ γυναῖκας καὶ τοὺς πρεσβυτάτους καὶ πλῆθος τὸ ἀχρεῖον τῶν ἀνθρώπων πρότερον ἐξεκομίσαντο ἐς τὰς Ἀθήνας, αὐτοὶ δὲ ἐπολιορκοῦντο ἐγκαταλελειμμένοι τετρακόσιοι, Ἀθηναίων δὲ 10 ὀγδοήκοντα, γυναῖκες δὲ δέκα καὶ ἑκατὸν σιτοποιοί. τοιαύτη οὖν ἡ τῶν Πλαταιῶν πολιορκία κατεσκευάσθη.

(II. 78.)

The escape from Plataea : Winter of 428–427 B.C.

67. *The preparations for escape.*

Τοῦ δὲ αὐτοῦ χειμῶνος οἱ Πλαταιῆς (ἔτι γὰρ ἐπολιορκοῦντο ὑπὸ τῶν Πελοποννησίων καὶ Βοιωτῶν), ἐπειδὴ τῷ τε σίτῳ ἐπιλιπόντι ἐπιέζοντο καὶ ἀπὸ τῶν Ἀθηνῶν 15 οὐδεμία ἐλπὶς ἦν τιμωρίας, ἐπιβουλεύουσι πρῶτον μὲν πάντες ἐξελθεῖν καὶ ὑπερβῆναι τὰ τείχη τῶν πολεμίων, ἢν δύνωνται βιάσασθαι. ἔπειτα οἱ μὲν ἡμίσεις ἀπώκνησάν πως τὸν κίνδυνον, ἄνδρες δὲ διακόσιοι καὶ εἴκοσι μάλιστα ἐνέμειναν τῇ ἐξόδῳ ἐθελονταὶ τρόπῳ τοιῷδε. κλίμακας 20 ἐποιήσαντο ἴσας τῷ τείχει τῶν πολεμίων, συμμετρησάμενοι ταῖς ἐπιβολαῖς τῶν πλίνθων· ἠριθμοῦντο δὲ πολλοὶ ἅμα τὰς ἐπιβολάς, καὶ οἱ μὲν ἔμελλον ἁμαρτή-

σεσθαι, οἱ δὲ πλείους τεύξεσθαι τοῦ ἀληθοῦς λογισμοῦ,
ἄλλως τε καὶ πολλάκις ἀριθμοῦντες καὶ ἅμα οὐ πολὺ
ἀπέχοντες. τὴν μὲν οὖν συμμέτρησιν τῶν κλιμάκων οὕτως
ἔλαβον, ἐκ τοῦ πάχους τῆς πλίνθου εἰκάσαντες τὸ μέτρον.

68. Description of the Peloponnesian wall.

5 Τὸ δὲ τεῖχος τῶν Πελοποννησίων τοιόνδε ἦν τῇ
οἰκοδομήσει. εἶχε μὲν δύο περιβόλους, διεῖχον δὲ οἱ
περίβολοι ἑκκαίδεκα πόδας μάλιστα ἀπ' ἀλλήλων. τὸ
οὖν μεταξὺ τοῦτο, ἐν ᾧ οἰκήματα τοῖς φύλαξιν ᾠκοδόμητο,
ἦν συνεχὲς ὥστε ἓν φαίνεσθαι τεῖχος παχύ, ἐπάλξεις ἔχον
10 ἀμφοτέρωθεν. διὰ δὲ δέκα ἐπάλξεων πύργοι ἦσαν
μεγάλοι καὶ ἰσοπλατεῖς τῷ τείχει, ὥστε πάροδον μὴ
εἶναι παρὰ πύργον, ἀλλὰ δι' αὐτῶν μέσων διῆσαν οἱ
φύλακες. τὰς οὖν νύκτας ὁπότε χειμὼν εἴη νοτερός, τὰς
μὲν ἐπάλξεις ἀπέλειπον, ἐκ δὲ τῶν πύργων, ὄντων δι'
15 ὀλίγου καὶ ἄνωθεν στεγανῶν, τὴν φυλακὴν ἐποιοῦντο.
τὸ μὲν οὖν τεῖχος, ᾧ περιεφρουροῦντο οἱ Πλαταιῆς,
τοιοῦτον ἦν.

69. The Plataeans approach and mount the wall.

Οἱ δέ, ἐπειδὴ παρεσκεύαστο αὐτοῖς, τηρήσαντες νύκτα
χειμέρινον ὕδατι καὶ ἀνέμῳ καὶ ἅμα ἀσέληνον, ἐξῆσαν.
20 καὶ πρῶτον μὲν τὴν τάφρον διέβησαν, ἣ περιεῖχεν αὐτούς,
ἔπειτα προσέμιξαν τῷ τείχει τῶν πολεμίων, λαθόντες
τοὺς φύλακας, σκοτεινῆς οὔσης τῆς νυκτὸς καὶ τοῦ ἀνέμου
ἀντιπαταγοῦντος τῷ ψόφῳ τῷ ἐκ τοῦ προσιέναι αὐτούς.
κατὰ οὖν μεταπύργιον προσῆλθον πρὸς τὰς ἐπάλξεις,
25 εἰδότες ὅτι ἐρῆμοί εἰσιν, οἱ τὰς κλίμακας φέροντες, καὶ

προσέθεσαν· ἔπειτα ψιλοὶ δώδεκα σὺν ξιφιδίῳ καὶ θώρακι
ἀνέβαινον, ὧν ἡγεῖτο Ἀμμέας ὁ Κοροίβου καὶ πρῶτος
ἀνέβη· καὶ ψιλοὶ ἄλλοι μετὰ τούτους σὺν δορατίοις
ἐχώρουν, οἷς ἕτεροι κατόπιν τὰς ἀσπίδας ἔφερον, ὅπως
ἐκεῖνοι ῥᾷον προσβαίνοιεν, καὶ ἔμελλον δώσειν, ὁπότε πρὸς 5
τοῖς πολεμίοις εἴησαν.

70. The alarm and the passage of the wall.

Ὡς δὲ ἄνω ἐγένοντο, ᾔσθοντο οἱ ἐκ τῶν πύργων
φύλακες· κατέβαλε γάρ τις τῶν Πλαταιῶν ἀντιλαμβανό-
μενος ἀπὸ τῶν ἐπάλξεων κεραμίδα, ἣ πεσοῦσα δοῦπον
ἐποίησεν. καὶ αὐτίκα βοὴ ἦν, οἱ δὲ πολέμιοι μάλιστα 10
ἐθορυβοῦντο, οὐ γὰρ ᾔδεσαν ὅ,τι ἦν τὸ δεινόν, σκοτεινῆς
νυκτὸς καὶ χειμῶνος ὄντος. καὶ οἱ τριακόσιοι αὐτῶν, οἷς
ἐτέτακτο παραβοηθεῖν εἴ τι δέοι, ἐχώρουν ἔξω τοῦ τείχους
πρὸς τὴν βοήν. ἐν δὲ τούτῳ οἱ μὲν πρῶτοι τῶν
Πλαταιῶν, τοῦ πύργου ἑκατέρου τοὺς φύλακας διαφθεί- 15
ραντες, τὰς διόδους ἐφύλασσον ὥστε μηδένα δι᾽ αὐτῶν
ἐπιέναι· οἱ δὲ ἑπόμενοι, πολλὰς προσθέντες κλίμακας καὶ
τὰς ἐπάλξεις ἀπώσαντες, διὰ τοῦ μεταπυργίου ὑπερέβαινον.

71. The Plataeans cross the outer ditch and escape.

Ἐπεὶ δὲ πάντες διέβησαν, οἱ ἀπὸ τῶν πύργων,
χαλεπῶς οἱ τελευταῖοι, καταβαίνοντες ἐχώρουν ἐπὶ τὴν 20
τάφρον, καὶ ἐν τούτῳ οἱ τριακόσιοι αὐτοῖς ἐπεφέροντο,
λαμπάδας ἔχοντες. οἱ μὲν οὖν Πλαταιῆς ἐκείνους ἑώρων
μᾶλλον ἐκ τοῦ σκότους, ἑστῶτες ἐπὶ τοῦ χείλους τῆς
τάφρου, καὶ ἐτόξευόν τε καὶ ἐσηκόντιζον, αὐτοὶ δὲ ἐν τῷ
ἀφανεῖ ὄντες ἧσσον διὰ τὰς λαμπάδας καθεωρῶντο, ὥστε 25

φθάνουσι τῶν Πλαταιῶν καὶ οἱ ὕστατοι διαβάντες τὴν
τάφρον. ὁρμήσαντες δὲ ἀπὸ τῆς τάφρου οἱ Πλαταιῆς
ἐχώρουν ἀθρόοι τὴν ἐς Θήβας φέρουσαν ὁδόν, ἐν δεξιᾷ
ἔχοντες τὸ τοῦ Ἀνδροκράτους ἡρῷον, καὶ ἅμα ἑώρων τοὺς
5 Πελοποννησίους τὴν ἐπ᾽ Ἀθηνῶν φέρουσαν μετὰ λαμπάδων
διώκοντας.

72. They make their way to Athens, and the news of their safety reaches Plataea.

Καὶ ἐπὶ μὲν ἓξ ἢ ἑπτὰ σταδίους οἱ Πλαταιῆς τὴν ἐπὶ
Θηβῶν ἐχώρησαν, ἔπειτα ὑποστρέψαντες ᾖσαν τὴν πρὸς
τὰ ὄρη φέρουσαν ὁδόν, καὶ λαβόμενοι τῶν ὁρῶν διαφεύ-
10 γουσιν ἐς τὰς Ἀθήνας, ἄνδρες δώδεκα καὶ διακόσιοι ἀπὸ
πλειόνων· εἰσὶ γάρ τινες αὐτῶν οἱ ἀπετράποντο ἐς τὴν
πόλιν πρὶν ὑπερβαίνειν, εἷς δὲ ἐπὶ τῇ ἔξω τάφρῳ τοξότης
ἐλήφθη. οἱ μὲν δὴ τῶν Πλαταιῶν ἄνδρες οὕτως ὑπερ-
βάντες ἐσώθησαν· οἱ δὲ ἐκ τῆς πόλεως πρῶτον μὲν τῶι
15 γεγενημένων οὐδὲν ᾔδεσαν, ἔπειτα τῶν ἀποτραπομένων
σφίσιν ἀπαγγειλάντων ὡς οὐδεὶς περίεστι, κήρυκα
ἐκπέμψαντες, ἐπεὶ ἡμέρα ἐγένετο, ἐσπένδοντο ἀναίρεσιν
τῶν νεκρῶν, μαθόντες δὲ τὸ ἀληθὲς ἐπαύσαντο.

(III. 20–24.)

73. The surrender of Plataea. 427 B.C.

Ὑπὸ δὲ τοὺς αὐτοὺς χρόνους τοῦ θέρους τούτου οἱ
20 Πλαταιῆς, οὐκέτι ἔχοντες σῖτον οὐδὲ δυνάμενοι πολιορ-
κεῖσθαι, συνέβησαν τοῖς Πελοποννησίοις· προσέβαλον
γὰρ αὐτῶν τῷ τείχει, οἱ δὲ οὐκ ἐδύναντο ἀμύνεσθαι.
γνοὺς δὲ ὁ Λακεδαιμόνιος ἄρχων τὴν ἀσθένειαν αὐτῶν,
βίᾳ μὲν οὐκ ἐβούλετο ἑλεῖν, προσπέμπει δὲ αὐτοῖς κήρυκα
25 ἐρωτῶντα, εἰ βούλονται παραδοῦναι τὴν πόλιν ἑκόντες

τοῖς Λακεδαιμονίοις καὶ δικασταῖς ἐκείνοις χρήσασθαι,
ὥστε τοὺς ἀδίκους κολάζεσθαι, παρὰ δίκην δὲ μηδένα.
τοσαῦτα μὲν ὁ κῆρυξ εἶπεν· οἱ δέ, ἦσαν γὰρ ἤδη ἐν τῷ
ἀσθενεστάτῳ, παρέδοσαν τήν τε πόλιν καὶ σφᾶς αὐτοὺς
τοῖς Λακεδαιμονίοις.   5

(III. 52.)

74. *The fate of the remnant.*

Μετὰ δὲ ἡμέρας τινὰς οἱ ἐκ τῆς Λακεδαίμονος δικασταί,
πέντε ἄνδρες, ἀφίκοντο· ἐλθόντες δὲ οὐδὲν κατηγόρησαν,
ἐπικαλεσάμενοι δὲ αὐτοὺς ἠρώτων τοσοῦτον μόνον, εἴ τι
ἀγαθὸν Λακεδαιμονίους καὶ τοὺς συμμάχους ἐν τῷ πολέμῳ
δεδρακότες εἰσί, καὶ ὁπότε μὴ φαῖεν, ἀπάγοντες ἀπέ- 10
κτεινον, καὶ ἐξαίρετον ἐποιήσαντο οὐδένα. διέφθειραν δὲ
Πλαταιῶν μὲν αὐτῶν οὐκ ἐλάσσους διακοσίων, Ἀθηναίων
δὲ πέντε καὶ εἴκοσιν, οἳ συνεπολιορκοῦντο· γυναῖκας δὲ
ἠνδραπόδισαν. τὴν δὲ πόλιν καθεῖλον ἐς ἔδαφος πᾶσαν
ἐκ τῶν θεμελίων, καὶ τὴν γῆν ἐδημοσίωσαν. καὶ οἱ 15
Πλαταιῆς ἔτει τρίτῳ καὶ ἐνενηκοστῷ ἐπειδὴ Ἀθηναίων
σύμμαχοι ἐγένοντο οὕτως διεφθάρησαν.

(III. 68.)

The Story of Sphacteria. 425 B.C.

Pylos is the ancient and Homeric name that was applied
specially to the promontory overlooking the Bay of Navarino,
the largest and best harbour in Greece. Thucydides speaks of
it as being in the land "once Messenian". The Messenians
had been conquered by the Lacedaemonians, and most of them
had left their homes and settled elsewhere. We shall find that
some were at this time serving in the Athenian force.

75. *Fortification of Pylos by Demosthenes.*

Ἐπεὶ δὲ πλέοντες οἱ Ἀθηναῖοι ἐγένοντο κατὰ τὴν Λακωνικήν, χειμὼν ἐπιγενόμενος κατήνεγκε τὰς ναῦς ἐς τὴν Πύλον. καὶ ὁ μὲν Εὐρυμέδων καὶ Σοφοκλῆς ἐβούλοντο ἐπείγεσθαι ἐς τὴν Κέρκυραν, πυθόμενοι ὅτι ἐκεῖ ἤδη εἶεν 5 αἱ νῆες τῶν Πελοποννησίων, τῷ δὲ Δημοσθένει ἐδόκει εὐθὺς τειχίζειν τὴν Πύλον· πολλὴ γὰρ ἦν εὐπορία ξύλων τε καὶ λίθων, καὶ φύσει καρτερόν ἐστι καὶ ἐρῆμον τὸ χωρίον, ἀπέχει δὲ σταδίους μάλιστα τετρακοσίους τῆς Σπάρτης, καὶ ἔστιν ἐν τῇ Μεσσηνίᾳ ποτὲ οὔσῃ γῇ. 10 τειχίσαντες οὖν οἱ Ἀθηναῖοι τὸ χωρίον ἐν ἡμέραις ἕξ, τὸν μὲν Δημοσθένη μετὰ νεῶν πέντε αὐτοῦ φύλακα καταλείπουσι, ταῖς δὲ πλείοσι ναυσὶ τὸν ἐς Κέρκυραν πλοῦν καὶ Σικελίαν ἐποιοῦντο. οἱ δὲ Σπαρτιᾶται, ὡς ἤκουσαν τὰ γενόμενα, εὐθὺς ἐβοήθουν ἐς τὴν Πύλον, ἔχοντες 15 ἑξήκοντα ναῦς· παρῆν δὲ ἤδη καὶ ὁ πεζὸς στρατός.

76. *The Lacedaemonians prepare to attack it.*

Ἐν δὲ τούτῳ ὁ Δημοσθένης, προσπλεόντων ἔτι τῶν Λακεδαιμονίων, δύο ναῦς ἔπεμψε πρὸς Εὐρυμέδοντα καὶ ἐκέλευσεν αὐτὸν παρεῖναι ὡς τάχιστα. καὶ αἱ μὲν νῆες κατὰ τάχος ἔπλεον· οἱ δὲ Λακεδαιμόνιοι παρεσκευάζοντο 20 ὡς τῷ τειχίσματι προσβαλοῦντες κατά τε γῆν καὶ κατὰ θάλασσαν, ἐλπίζοντες ῥᾳδίως αἱρήσειν οἰκοδόμημα διὰ ταχέων εἰργασμένον, ὀλίγων ἐνόντων· καὶ ἐν νῷ εἶχον τὸν λιμένα ἐμφράξαι, ὅπως μὴ δύνωνται οἱ Ἀθηναῖοι ἐσιέναι ἐς αὐτόν. ἡ γὰρ νῆσος ἡ Σφακτηρία καλουμένη ἐγγὺς 25 ἐπίκειται τῷ λιμένι καὶ ποιεῖ τοὺς ἔσπλους στενούς. φοβούμενοι δὲ μὴ ἐξ αὐτῆς τῆς νήσου οἱ Ἀθηναῖοι τὸν πόλεμον ποιῶνται, διεβίβασαν ἐς αὐτὴν ὁπλίτας οὐκ

ὀλίγους καὶ Εἴλωτας τοὺς περὶ αὐτούς· ἦρχε δ᾽ αὐτῶν
Ἐπιτάδας ὁ Μολόβρου.

77. *The attack. Conduct of Brasidas.*

Ταῦτα οὖν παρασκευασάμενοι οἱ Λακεδαιμόνιοι τῷ τε
κατὰ γῆν στρατῷ καὶ ταῖς ναυσὶν ἅμα προσέβαλλον τῷ
τειχίσματι. πάντων δὲ φανερώτατος Βρασίδας ἐγένετο· 5
ὁρῶν γὰρ τοὺς τριηράρχους φοβουμένους μὴ ἐν χωρίῳ
χαλεπῷ τὰς ναῦς συντρίψειαν, ἐβόα λέγων ὡς οὐ δέοι
ξύλων φείδεσθαι, καὶ κελεύων αὐτοὺς τὰς ναῦς καταγνύναι
εἴ πως βιάζοιντο τὴν ἀπόβασιν, καὶ παντὶ τρόπῳ τῶν τε
ἀνδρῶν καὶ τοῦ χωρίου κρατῆσαι. οὕτως οὖν τούς τε 10
ἄλλους ἐπέσπερχε καὶ τὸν ἑαυτοῦ κυβερνήτην ἀναγκάσας
ὀκεῖλαι τὴν ναῦν ἐπειρᾶτο ἀποβαίνειν· ἀνεκόπη δὲ ὑπὸ
τῶν Ἀθηναίων καὶ τραυματισθεὶς ἐλειποψύχησεν. μετὰ
δὲ ταῦτα αἱ τῶν Ἀθηναίων νῆες παραγίγνονται πεντή-
κοντα· καὶ προσπεσοῦσαι πολλὰς μὲν τῶν πολεμίων ἐς 15
φυγὴν κατέστησαν, πέντε δὲ ἔλαβον καὶ μίαν τούτων
αὐτοῖς ἀνδράσιν· μετὰ δὲ ταῦτα εὐθὺς περιέπλεον τὴν
νῆσον καὶ ἐν φυλακῇ εἶχον.

78. *The Lacedaemonian proposals for peace are rejected.*

Ἐς δὲ τὴν Σπάρτην ὡς ἠγγέλθη τὰ γεγενημένα περὶ
Πύλον, ἔδοξε τοῖς Λακεδαιμονίοις σπονδὰς μὲν ποιήσασθαι 20
πρὸς τοὺς τῶν Ἀθηναίων στρατηγούς, ἀποστεῖλαι δὲ ἐς
τὰς Ἀθήνας πρέσβεις περὶ συμβάσεως, καὶ τοὺς ἄνδρας ὡς
τάχιστα πειρᾶσθαι κομίσασθαι. ἀφικόμενοι δὲ οἱ πρέσβεις
προκαλοῦνται τοὺς Ἀθηναίους ἐς φιλίαν καὶ διάλυσιν
πολέμου, διδόντες μὲν εἰρήνην καὶ συμμαχίαν, ἀνται- 25
τοῦντες δὲ τοὺς ἐκ τῆς νήσου ἄνδρας. ἐνόμιζον γὰρ τοὺς

Ἀθηναίους καὶ ἐν τῷ πρὶν χρόνῳ εἰρήνης ἐπιθυμεῖν, διδομένην δὲ ἀσμένους δέξεσθαι καὶ τοὺς ἄνδρας ἀποδώσειν. οἱ δὲ οὐκ ἤθελον ἐν τῷ παρόντι συμβαίνειν, ἔχοντες γὰρ τοὺς ἄνδρας ἐν τῇ νήσῳ ἐνόμιζον τὰς σπονδὰς ἤδη σφίσιν 5 ἑτοίμους εἶναι, ὁπόταν βούλωνται ποιεῖσθαι. μάλιστα δὲ αὐτοὺς ἐνῆγε Κλέων ὁ Κλεαινέτου, ἀνὴρ δημαγωγὸς ὢν καὶ τῷ πλήθει πιθανώτατος. οἱ μὲν οὖν πρέσβεις ἀνεχώρησαν ἐκ τῶν Ἀθηνῶν ἄπρακτοι.

79. *Difficulties of the Athenians at Pylos.*

Ἐν δὲ τῇ Πύλῳ ἔτι ἐπολιόρκουν τοὺς ἐν τῇ νήσῳ
10 Λακεδαιμονίους οἱ Ἀθηναῖοι, καὶ τὸ ἐν τῇ ἠπείρῳ στρατόπεδον τῶν Πελοποννησίων κατὰ χώραν ἔμενεν. ἐπίπονος δὲ ἦν τοῖς Ἀθηναίοις ἡ φυλακὴ σίτου τε ἀπορίᾳ καὶ ὕδατος· μόνον γὰρ μία κρήνη ἦν ἐν τῇ Πύλῳ καὶ αὕτη οὐ μεγάλη· ἀθυμίαν τε πλείστην ὁ χρόνος παρεῖχε, παρὰ
15 λόγον ἐπιγιγνόμενος· ᾤοντο γὰρ ἡμερῶν ὀλίγων ἐκπολιορκήσειν τοὺς ἄνδρας, ἐν νήσῳ ἐρήμῃ ὄντας καὶ ὕδατι ἁλμυρῷ χρωμένους. οἱ δὲ Λακεδαιμόνιοι τοὺς βουλομένους ἐκέλευον ἐσάγειν ἐς τὴν νῆσον σῖτον καὶ οἶνον καὶ τυρόν, διδόντες ἀργύριον πολὺ καὶ τοῖς Εἵλωσιν ἐλευθερίαν
20 ὑπισχνούμενοι. ἐσῆγον δὲ μάλιστα οἱ Εἵλωτες, καταπλέοντες ἔτι νυκτὸς ἀπὸ τοῦ πελάγους. ἐσένεον δὲ κατὰ τὸν λιμένα κολυμβηταὶ ὕφυδροι, καλωδίῳ ἐν ἄσκοις μήκωνα καὶ μέλι ἐφέλκοντες.

80. *Despondency at Athens about the blockade of Sphacteria. Confidence of Cleon.*

Ἐν δὲ ταῖς Ἀθήναις πυνθανόμενοι, ὅτι ἡ στρατιὰ
25 ταλαιπωρεῖται καὶ σῖτος τοῖς ἐν τῇ νήσῳ ἐσκομίζεται,

ἠπόρουν καὶ μετεμέλοντο ὅτι τὰς σπονδὰς οὐκ ἐδέξαντο.
Κλέων δὲ οὐκ ἔφη τἀληθῆ λέγειν τοὺς ἐξαγγέλλοντας·
τούτων δὲ παραινούντων τοῖς Ἀθηναίοις, εἰ μὴ σφίσι
πιστεύουσι, κατασκόπους τινὰς πέμψαι, ἡρέθη κατάσκοπος
αὐτός. καὶ γνοὺς ὅτι ἀναγκασθήσεται ἢ ταὐτὰ λέγειν 5
τούτοις οὓς διέβαλλεν ἢ τἀναντία λέγων ψευδὴς φαίνεσθαι,
ἀντεῖπεν ὡς χρὴ κατασκόπους μὴ πέμπειν, εἰ δὲ δοκεῖ
ἀληθῆ εἶναι τὰ ἀγγελλόμενα, πλεῖν ἐπὶ τοὺς ἄνδρας. καὶ
ἐς Νικίαν, τὸν Νικηράτου, στρατηγὸν ὄντα, ἀποσημαίνων
ἔφη ῥᾴδιον εἶναι, εἰ ἄνδρες εἶεν οἱ στρατηγοί, πλεύσαντας 10
λαβεῖν τοὺς ἐν τῇ νήσῳ, καὶ αὐτός γ' ἄν, εἰ ἦρχε, ποιῆσαι
τοῦτο.

81. *Cleon pledges himself to reduce Sphacteria in twenty days.*

Ὁ δὲ Νικίας ἐκέλευσεν, εἰ ῥᾴδιόν γε αὐτῷ φαίνεται τὸ
ἔργον, λαβόντα παρασκευὴν ἱκανὴν ἐπιχειρεῖν. Κλέων δὲ
τὸ μὲν πρῶτον οὐκ ἔφη αὐτὸς ἀλλ' ἐκεῖνον στρατηγεῖν· 15
τέλος δέ, ἐπιβοῶντος αὐτῷ τοῦ ὄχλου μὴ ἐξαναχωρεῖν τὰ
εἰρημένα, ὑφίσταται τὸν πλοῦν, καὶ παρελθὼν ἔφη πλεύ-
σεσθαί τε ὡς τάχιστα καὶ ἐντὸς ἡμερῶν εἴκοσιν ἢ ἄξειν
Λακεδαιμονίους ζῶντας ἢ αὐτοῦ ἀποκτενεῖν. οἱ δὲ
Ἀθηναῖοι, καίπερ γελῶντες ἐπὶ τῇ κουφολογίᾳ αὐτοῦ, 20
ἐψηφίσαντο αὐτῷ τὸν πλοῦν· καὶ πάντα διαπραξάμενος
ἐν τῇ ἐκκλησίᾳ, τῶν τε ἐν Πύλῳ στρατηγῶν ἕνα προσ-
ελόμενος Δημοσθένη, διὰ τάχους ἔπλει. τὸν δὲ Δημοσθένη
προσέλαβε πυνθανόμενος ὅτι ἀποβαίνειν ἐς τὴν νῆσον
διανοεῖται· οἱ γὰρ στρατιῶται, ἐν χωρίῳ στενῷ κακο- 25
παθοῦντες, καὶ μᾶλλον πολιορκούμενοι ἢ πολιορκοῦντες,
ἐβούλοντο διακινδυνεῦσαι.

82. *The first force lands and surprises the Lacedaemonian guard.*

Κλέων δέ, ἐκείνῳ προπέμψας ἄγγελον ὡς ἥξων, ἀφ-
ικνεῖται ἐς Πύλον· καὶ εὗρε τὴν νῆσον ἤδη εὐαποβατωτέραν
οὖσαν, πρότερον γὰρ ὑλώδης ἦν ἐπὶ τὸ πολὺ καὶ ἀτριβὴς
διὰ τὴν ἐρημίαν. ἐμπρήσαντος δέ τινος τὴν ὕλην ἄκοντος
5 καὶ πνεύματος ἐπιγενομένου, τὸ πολὺ αὐτῆς κατεκαύθη,
ὥστε δύνασθαι τοὺς στρατιώτας μᾶλλον ἐν ἀσφαλείᾳ
ἀποβαίνειν. καὶ μίαν μὲν ἡμέραν ἐπέσχον, τῇ δὲ ὑστεραίᾳ
ἀνηγάγοντο μὲν νυκτός, ἐπ᾽ ὀλίγας ναῦς τοὺς ὁπλίτας
πάντας ἐπιβιβάσαντες, πρὸ δὲ τῆς ἔω ὀλίγον ἀπέβαινον
10 τῆς νήσου ἑκατέρωθεν, ὀκτακόσιοι μάλιστα ὄντες ὁπλῖται,
καὶ ἐχώρουν δρόμῳ ἐπὶ τὸ πρῶτον φυλακτήριον τῆς νήσου.
οἱ δὲ Ἀθηναῖοι τοὺς φύλακας, οἷς ἐπέδραμον, εὐθὺς δια-
φθείρουσιν, ἀγνοοῦντας τὰ γιγνόμενα, ἔν τε ταῖς εὐναῖς ἔτι
καὶ ἀναλαμβάνοντας τὰ ὅπλα.

83. *The Lacedaemonians are driven back to the end of the island,*

15 Ἅμα δὲ ἔῳ γιγνομένῃ καὶ ὁ ἄλλος στρατὸς ἀπέβαινεν,
ἐκ νεῶν ἑβδομήκοντα καὶ ὀλίγῳ πλειόνων πάντες πλὴν
θαλαμιῶν, τοξόται τε ὀκτακόσιοι καὶ πελτασταὶ οὐκ
ἐλάσσους τούτων, καὶ Μεσσηνίων οἱ βεβοηθηκότες. οἱ δὲ
περὶ τὸν Ἐπιτάδαν, ὡς εἶδον τὸ πρῶτον φυλακτήριον
20 διεφθαρμένον καὶ στρατὸν σφίσιν ἐπιόντα, συνετάξαντο
καὶ τοῖς ὁπλίταις τῶν Ἀθηναίων ἐπῆσαν βουλόμενοι ἐς
χεῖρας ἐλθεῖν. οἱ δὲ ψιλοὶ ἑκατέρωθεν εἶργον αὐτούς,
λίθοις τε καὶ τοξεύμασι βάλλοντες· καὶ ὁ κονιορτὸς τῆς
ὕλης νεωστὶ κεκαυμένης ἐχώρει πολὺς ἄνω, ἄπορόν τε ἦν
25 ἰδεῖν τὰ γιγνόμενα. καὶ οἱ μὲν Λακεδαιμόνιοι, τραυμα-

τιζομένων ἤδη πολλῶν, ἐχώρησαν ἐς τὸ ἔσχατον ἔρυμα τῆς νήσου, ὃ οὐ πολὺ ἀπεῖχε, καὶ τοὺς ἑαυτῶν φύλακας, οἱ δὲ ψιλοὶ τῶν Ἀθηναίων πολλῷ μᾶλλον τεθαρσηκότες ἐπέκειντο.

84. and surrounded.

Καὶ χρόνον μὲν πολὺν καὶ τῆς ἡμέρας τὸ πλεῖστον 5 ταλαιπωρούμενοι ἀμφότεροι ὑπό τε τῆς μάχης καὶ δίψους καὶ ἡλίου ἀντεῖχον, τέλος δὲ προσελθὼν ὁ τῶν Μεσσηνίων στρατηγὸς Κλέωνι καὶ Δημοσθένει ἔφη, ἢν βούλωνται ἑαυτῷ δοῦναι τῶν τοξοτῶν μέρος τι καὶ τῶν ψιλῶν, ὁδὸν εὑρήσειν ὥστε περιιέναι κατὰ νώτου τοῖς πολεμίοις. λαβὼν 10 δὲ ἃ ἠτήσατο, κατὰ τοὺς κρημνοὺς τῆς νήσου χαλεπῶς τε καὶ μόλις περιελθὼν ἔλαθε, καὶ ἐξαπίνης ἀναφανεὶς τοὺς Λακεδαιμονίους ἐξέπληξεν. οὗτοι οὖν ἀμφίβολοι ἤδη ὄντες (ὥσπερ καὶ ἐν Θερμοπύλαις οἱ Ἕλληνες), πολλοῖς τε ὀλίγοι μαχόμενοι, ὑπεχώρουν. ὁ δὲ Κλέων καὶ ὁ Δημο- 15 σθένης ἔπαυσαν τὴν μάχην, βουλόμενοι ἀγαγεῖν αὐτοὺς Ἀθήναζε ζῶντας· καὶ ἀνακωχῆς γενομένης συνῆλθον ἐς λόγους.

85. Cleon fulfils his promise.

Ἔλεγε δὲ Στύφων, ὃς τῶν Λακεδαιμονίων ἦρχε, τεθνηκότος ἐν τῇ μάχῃ τοῦ Ἐπιτάδου, ὅτι βούλεται τοὺς ἐν τῇ 20 ἠπείρῳ Λακεδαιμονίους ἐρωτῆσαι τί χρὴ ποιεῖν. καὶ γενομένων ἐπερωτήσεων δὶς ἢ τρίς, ὁ τελευταῖος διαπλεύσας ἀπὸ τῆς ἠπείρου ἀνὴρ ἤγγειλεν ὅτι "Λακεδαιμόνιοι κελεύουσιν ὑμᾶς αὐτοὺς περὶ ὑμῶν αὐτῶν βουλεύεσθαι, μηδὲν αἰσχρὸν ποιοῦντας." οἱ δὲ καθ᾽ ἑαυτοὺς βουλευσάμενοι 25 τὰ ὅπλα παρέδοσαν καὶ σφᾶς αὐτούς. τῇ δὲ ὑστεραίᾳ οἱ Ἀθηναῖοι, τροπαῖον στήσαντες ἐν τῇ νήσῳ, τὰ ἄλλα

διεσκευάζοντο ὡς ἐς πλοῦν καὶ τοὺς ἄνδρας τοῖς τριηράρχοις
διεδίδοσαν ἐς φυλακήν. ὁπλῖται δὲ ἦσαν ὀκτὼ ἀποδέοντες
τριακόσιοι, καὶ τούτων Σπαρτιᾶται εἴκοσι καὶ ἑκατόν. οἱ
μὲν δὴ Ἀθηναῖοι καὶ οἱ Πελοποννήσιοι ἀνεχώρησαν ἐκ τῆς
5 Πύλου ἑκάτεροι ἐπ᾽ οἴκου, καὶ Κλέωνος, καίπερ μανιώδης
οὖσα, ἡ ὑπόσχεσις ἀπέβη· ἐντὸς γὰρ εἴκοσιν ἡμερῶν ἤγαγε
τοὺς ἄνδρας, ὥσπερ ὑπέστη.

(IV. 3–39.)

XENOPHON

Xenophon, an Athenian, son of Gryllus, seems to have been
born about 430 B.C. The only evidence of the date is that he
speaks of himself as still a young man in 401 B.C. His early
life must have been contemporary with the Peloponnesian War,
and he was growing up when disasters began to fall upon
Athens. We know that at this time he became the pupil and
friend of Socrates, but we actually hear of him first as
a volunteer in the force of mercenary Greeks who aided Cyrus,
son of Darius II, in his attempt to dethrone his brother
Artaxerxes, King of Persia. After the death of Cyrus at the
battle of Cunaxa, and the treacherous murder of the Greek
generals by the Persian satrap, Tissaphernes, he was chosen
one of the commanders, and he took a principal part in leading
the Greeks through Armenia to Trebizond on the Black Sea,
and thence by land and ship to Byzantium. He left them
when they took service with the Lacedaemonian general Thim-
bron, who was at war with the Persians. What he did next
is not clear; he seems to have returned to Athens after the
death of Socrates, but in that case he must have gone back
again to Asia, as he became intimate there with Agesilaus,
King of Sparta. He was banished from Athens and fought
against his own country at the battle of Coronea, 394 B.C.; it

is not certain whether the banishment was before the battle or after it. His later life was passed at Scillus in the Peloponnese, close to Olympia, where the great games were held. There he spent his time in writing and hunting. The estate abounded in game, and Xenophon was at least as fond of sport as of literature; indeed, as regards the coursing of hares he was not only an enthusiast but a fanatic. The date of his death is unknown. It can hardly be earlier than 356 B.C.

All his works of which mention is made anywhere have come down to us. The best known are the *Hellenica, Anabasis, Memorabilia,* and *Cyropaedia.*

The *Hellenica,* or Greek History, covers the period from 411 to 362 B.C. Of the seven books into which the work is divided the first two are by far the most valuable. They take up the story of the Peloponnesian War where it was left by Thucydides and continue it to the end. We find that the Athenians were then unable to cope with the Lacedaemonians on land but maintained themselves by the command of the sea, because their city was too strongly fortified to be captured by assault, and their connexion with the Piraeus, the port of Athens, was sufficiently guarded by the Long Walls. We shall see that when this command of the sea was lost, Athens was at once starved into submission.

The *Anabasis* is a narrative of the fortunes of the Greek troops which Cyrus (not to be confused with the founder of the Persian monarchy) raised to aid him in his expedition against Artaxerxes. This title, however, which means " the march up the country " from the sea to Babylon, is applicable to the first only of the seven books; the others are concerned with the retreat to the Black Sea and the subsequent adventures of the force. The whole is written in a clear and agreeable style and deals with interesting events; but its real charm is due to the fact that the author is relating his own personal experiences, and that he helped to make the history that he wrote.

The *Memorabilia*, or "Recollections of Socrates", was written to defend his memory from the charges of irreligious and immoral teaching on which he was condemned. Socrates is represented as holding a series of conversations, in which his real views are expounded.

The *Cyropaedia*, or "Education of Cyrus", has no authority as a history; it is a political romance in which Xenophon tells the story of Cyrus (the founder of the Persian Empire) and the events of his reign merely that he may have an opportunity of expounding his own views about government and society. It is the longest of Xenophon's works.

HELLENICA

The Battle of Arginusae. 406 B.C.

86. *Conon, the Athenian admiral, is defeated and blockaded at Mytilene.*

Κόνων οὖν ταῖς ναυσὶν εὖ πλεούσαις καταφεύγει εἰς Μυτιλήνην τῆς Λέσβου, Καλλικρατίδας δὲ συνεισέπλευσεν εἰς τὸν λιμένα, διώκων ναυσὶν ἑκατὸν καὶ ἑβδομήκοντα. καὶ Κόνων μὲν ἠναγκάσθη ναυμαχῆσαι καὶ ἀπώλεσε ναῦς 5 τριάκοντα, καὶ τὰς λοιπάς, τετταράκοντα οὔσας, ὑπὸ τὸ τεῖχος ἀνείλκυσεν· Καλλικρατίδας δὲ ἐν τῷ λιμένι ὁρμισάμενος ἐπολιόρκει αὐτόν, τὸν ἔκπλουν ἔχων. καὶ κατὰ γῆν μετεπέμψατο τοὺς Μηθυμναίους, καὶ ἐκ τῆς Χίου διεβίβασε τὸ στράτευμα. ὁ δὲ Κόνων, ἐπεὶ ἐπολιορκεῖτο καὶ κατὰ 10 γῆν καὶ κατὰ θάλατταν, σιτίων ἀπορίᾳ ἐπιέζετο· οἱ γὰρ ἄνθρωποι πολλοὶ ἐν τῇ πόλει ἦσαν, καὶ οἱ Ἀθηναῖοι οὐκ ἐβοήθουν διὰ τὸ μὴ πυνθάνεσθαι τὰ γιγνόμενα. καθελκύσας οὖν τῶν νεῶν τὰς ἄριστα πλεούσας δύο ἐπλήρωσε πρὸ ἡμέρας, ἐξ ἁπασῶν τῶν νεῶν τοὺς ἀρίστους ἐρέτας ἐκλέξας.

87. One of his ships escapes and takes the news to Athens.

Ἐπεὶ δὲ ἤδη μέσον ἡμέρας ἦν καὶ οἱ ἐφορμοῦντες ὀλιγώρως εἶχον, ἐξέπλευσαν ἔξω τοῦ λιμένος, καὶ ἡ μὲν ἐφ' Ἑλλησπόντου ὥρμησεν, ἡ δὲ εἰς τὸ πέλαγος. οἱ δὲ ἐφορμοῦντες ἔτυχον ἐν τῇ γῇ ἀριστοποιούμενοι· ὅμως δὲ εἰσβάντες ὡς τάχιστα ἐδίωκον τὴν ἐς τὸ πέλαγος ὁρμή- 5 σασαν καὶ ἅμα τῷ ἡλίῳ δύνοντι κατέλαβον· ἡ δὲ ἐπὶ τοῦ Ἑλλησπόντου φυγοῦσα ναῦς διέφυγε καὶ ἀφικομένη εἰς τὰς Ἀθήνας ἐξαγγέλλει τὴν πολιορκίαν. οἱ δὲ Ἀθηναῖοι, ἐπεὶ ἤκουσαν τὰ γεγενημένα, ἐψηφίσαντο βοηθεῖν ναυσὶν ἑκατὸν καὶ δέκα, εἰσβιβάζοντες τοὺς ἐν τῇ ἡλικίᾳ ἅπαντας 10 καὶ δούλους καὶ ἐλευθέρους· εἰσέβησαν δὲ καὶ τῶν ἱππέων πολλοί. μετὰ ταῦτα ἀνήχθησαν εἰς Σάμον καὶ ἐκεῖθεν Σαμίας ναῦς ἔλαβον δέκα· ἤθροισαν δὲ καὶ ἄλλας πλείους ἢ τριάκοντα παρὰ τῶν ἄλλων συμμάχων.

88. The Athenian and Lacedaemonian fleets meet at Arginusae.

Ἐν δὲ τούτῳ ὁ Καλλικρατίδας ἔμενεν ἐν τῷ λιμένι, 15 πολιορκῶν τὰς τοῦ Κόνωνος ναῦς· καὶ ἀκούσας τὴν ἐκ τῶν Ἀθηνῶν βοήθειαν ἤδη ἐν Σάμῳ οὖσαν, αὐτοῦ μὲν κατέλιπε πεντήκοντα ναῦς καὶ ἄρχοντα Ἐτεόνικον, ταῖς δὲ εἴκοσι καὶ ἑκατὸν ἀναχθεὶς ἐδειπνοποιεῖτο ἐπὶ τῇ Μαλέᾳ ἄκρᾳ τῆς Λέσβου. τῇ δὲ αὐτῇ ἡμέρᾳ ἔτυχον οἱ Ἀθηναῖοι δειπνο- 20 ποιούμενοι ἐν ταῖς Ἀργινούσαις· αὗται δέ εἰσι νῆσοί τινες οὐ μεγάλαι ἀντίον τῆς Μυτιλήνης. τῆς δὲ νυκτὸς ἰδὼν τὰ πυρά, καί τινων αὐτῷ ἀγγειλάντων ὅτι οἱ Ἀθηναῖοι εἶεν, ἀνήγετο περὶ μέσας νύκτας, ὡς ἐξαπίνης προσπέσοι· ὕδωρ δὲ ἐπιγενόμενον πολὺ καὶ βρονταὶ διεκώλυσαν τὴν ἀν- 25 αγωγήν. ἅμα δὲ τῇ ἡμέρᾳ ἔπλει εἰς τὰς Ἀργινούσας· οἱ δὲ Ἀθηναῖοι ἀντανήγοντο ναῦς ἔχοντες πλείους ἢ πεντήκοντα καὶ ἑκατόν.

89. Victory of the Athenians.   Death of Callicratidas.

Ἕρμων δὲ ὁ τῷ Καλλικρατίδᾳ κυβερνῶν εἶπε πρὸς
αὐτὸν ὅτι καλῶς ἔχοι ἀποπλεῦσαι· αἱ γὰρ τριηρεῖς τῶν
Ἀθηναίων πολλῷ πλείους ἦσαν. Καλλικρατίδας δὲ εἶπεν
ὅτι ἡ Σπάρτη οὐ κάκιον οἰκήσεται αὐτοῦ ἀποθανόντος, τὸ
5 δὲ φεύγειν αἰσχρὸν ἔφη εἶναι. μετὰ ταῦτα ἐναυμάχησαν
χρόνον πολύν· ἐπεὶ δὲ Καλλικρατίδας, ἐμβαλούσης τῆς
νεώς, ἀποπεσὼν εἰς τὴν θάλατταν ἠφανίσθη, ἐντεῦθεν
ἐγένετο τῶν Πελοποννησίων φυγή· οἱ δὲ Ἀθηναῖοι εἰς
τὰς Ἀργινούσας κατέπλευσαν. ἀπώλοντο δὲ τῶν μὲν
10 Ἀθηναίων νῆες πέντε καὶ εἴκοσιν αὐτοῖς ἀνδράσιν· τῶν δὲ
Πελοποννησίων Λακωνικαὶ μὲν ἐννέα, πασῶν οὐσῶν δέκα,
τῶν δὲ ἄλλων συμμάχων πλείους ἢ ἑξήκοντα. οἱ δὲ τῶν
Ἀθηναίων στρατηγοὶ Θηραμένην τε καὶ Θρασύβουλον,
τριηράρχους ὄντας, ἐκέλευσαν πλεῖν ἐπὶ τὰς καταδεδυκυίας
15 ναῦς καὶ τοὺς ἐπ᾽ αὐτῶν ἀνθρώπους σώζειν· αὐτοὶ δὲ
ἔμελλον ἐπὶ τὰς τῶν Λακεδαιμονίων ναῦς τῇ Μυτιλήνῃ
ἐφορμούσας πλεύσεσθαι. ταῦτα δὲ βουλομένους ποιεῖν
ἄνεμος καὶ χειμὼν διεκώλυσε μέγας γενόμενος.

90. The charge against the Athenian generals.

Καὶ μετὰ ταῦτα ὡς ἐξ τῶν ναυμαχησάντων στρατηγῶν
20 ἧκον εἰς Ἀθήνας, ἄλλοι τε καὶ Θηραμένης μάλιστα
κατηγόρουν αὐτῶν διότι οὐκ ἀνείλοντο τοὺς ναυαγούς. οἱ
δὲ βραχέως ἀπελογήσαντο, ὅτι αὐτοὶ μὲν ἐπὶ τοὺς πολε-
μίους πλέοιεν, τὴν δὲ ἀναίρεσιν τῶν ναυαγῶν προστάξαιεν
Θηραμένει τε καὶ Θρασυβούλῳ καὶ ἄλλοις τοιούτοις.
25 "καὶ εἴπερ τινές εἰσιν αἴτιοι περὶ τῆς ἀναιρέσεως,"
ἔφασαν, "οὐδένα ἄλλον δεῖ αἰτιάσασθαι ἢ τούτους οἷς

προσετάχθη. καὶ οὐχ, ὅτι κατηγοροῦσιν ἡμῶν, ψευσό-
μεθα, φάσκοντες αὐτοὺς αἰτίους εἶναι· τὸ γὰρ μέγεθος
τοῦ χειμῶνος τῷ ὄντι ἐκώλυσε τὴν ἀναίρεσιν." τούτων δὲ
μάρτυρας παρείχοντο τοὺς κυβερνήτας καὶ ἄλλους τῶν
συμπλεόντων πολλούς. τοιαῦτα λέγοντες, τὸ μὲν πρῶτον 5
ἔπειθον τὸν δῆμον· ὕστερον δὲ ἔδοξε τοῖς Ἀθηναίοις
πάντας τοὺς στρατηγοὺς μιᾷ ψήφῳ κρίνειν, καίπερ παρὰ
νόμον τοῦτο ποιοῦσιν· καὶ κατεψηφίσαντο τῶν ναυ-
μαχησάντων στρατηγῶν ὀκτὼ ὄντων· ἀπέθανον δὲ οἱ
παρόντες ἕξ. 10

(I. 6. 16—7. 34.)

The fatal defeat of the Athenians at Aegospotami.
405 b.c.

91. The advice of Alcibiades is rejected.

Ἀλκιβιάδης δὲ ἰδὼν ἐκ τῶν τειχῶν τοὺς μὲν Ἀθηναίους
ἐν αἰγιαλῷ ὁρμοῦντας καὶ πρὸς οὐδεμιᾷ πόλει, τὰ δὲ
ἐπιτήδεια μετιόντας ἐκ Σηστοῦ πεντεκαίδεκα σταδίους
ἀπὸ τῶν νεῶν, τοὺς δὲ πολεμίους ἐν λιμένι καὶ πρὸς πόλει
ἔχοντας πάντα, ἔφη αὐτοὺς ἐν κακῷ χωρίῳ ὁρμεῖν. καὶ 15
παρῄνει αὐτοῖς ἀποπλεῦσαι εἰς Σηστὸν ὥστε λιμένα τε
ἔχειν καὶ πόλιν. " ἐνταῦθα γὰρ ὄντες," ἔφη, " ναυμαχή-
σετε ὅταν βούλησθε." οἱ δὲ στρατηγοὶ ἐκέλευσαν αὐτὸν
ἀπιέναι· αὐτοὶ γὰρ νῦν στρατηγεῖν, οὐκ ἐκεῖνον. καὶ ὁ
μὲν ἀπῆλθεν· οἱ δὲ Ἀθηναῖοι ἐσκεδάννυντο πανταχόσε, τά 20
τε σιτία πόρρωθεν ὠνούμενοι, καὶ καταφρονοῦντες Λυσάν-
δρου· ἅμα γὰρ τῷ ἡλίῳ ἀνίσχοντι καθ᾽ ἑκάστην ἡμέραν
παρετάττοντο εἰς ναυμαχίαν, ἐπεὶ δὲ οὐκ ἀντανῆγεν,
ἀπέπλεον πάλιν εἰς τοὺς Αἰγὸς ποταμούς.

92. *Lysander surprises and destroys the Athenian fleet.*

Καὶ ταῦτα μὲν ἐποίουν τέτταρας ἡμέρας· ὁ δὲ Λύσανδρος, ἐπεὶ ἦν ἡμέρα πέμπτη ἐπιπλέουσι τοῖς Ἀθηναίοις, εἶπε τοῖς παρ' αὐτοῦ ἑπομένοις, ἐπειδὰν ἴδωσιν αὐτοὺς ἐκβεβηκότας καὶ ἐσκεδασμένους, ἀποπλεῦσαι πάλιν καὶ
5 ἆραι ἀσπίδα κατὰ μέσον τὸν πλοῦν. οἱ δὲ ταῦτα ἐποίησαν ὡς ἐκέλευσεν. Λύσανδρος δὲ εὐθὺς ἐσήμηνεν ὅ,τι τάχιστα πλεῖν· Κόνων δέ, ἰδὼν τὸν ἐπίπλουν, ἐσήμηνεν εἰς τὰς ναῦς βοηθεῖν κατὰ κράτος. διεσκεδασμένων δὲ τῶν ἀνθρώπων, αἱ μὲν τῶν νεῶν δίκροτοι ἦσαν, αἱ δὲ μονό-
10 κροτοι, αἱ δὲ παντελῶς κεναί· ἡ δὲ Κόνωνος καὶ ἄλλαι περὶ αὐτὸν ἑπτὰ ἀνήχθησαν πλήρεις καὶ ἡ Πάραλος, τὰς δὲ ἄλλας πάσας Λύσανδρος ἔλαβε πρὸς τῇ γῇ. τῶν δὲ ἀνδρῶν οἱ μὲν πλεῖστοι ἐζωγρήθησαν, οἱ δὲ ἔφυγον εἰς τὰ τειχύδρια.

93. *The news reaches Athens.*

15 Κόνων δέ, ἐπεὶ ἔγνω τοὺς πολεμίους οὕτως νικήσαντας, αὐτὸς μὲν ὀκτὼ ναυσὶν ἀπέπλευσεν εἰς Κύπρον, ἡ δὲ Πάραλος εἰς τὰς Ἀθήνας, ἀπαγγελοῦσα τὰ γενόμενα. ἐν δὲ ταῖς Ἀθήναις, τῆς Παράλου ἀφικομένης, νυκτὸς ἐλέγετο ἡ συμφορά, καὶ οἰμωγὴ ἐκ τοῦ Πειραιῶς διὰ τῶν μακρῶν
20 τειχῶν εἰς τὴν πόλιν διῆκεν, ὥστε ἐκείνης τῆς νυκτὸς οὐδεὶς ἐκοιμήθη· ἐπένθουν γὰρ οὐ μόνον τοὺς ἀπολωλότας, ἀλλὰ πολὺ μᾶλλον αὐτοὶ ἑαυτούς, νομίζοντες πείσεσθαι τὰ ἔσχατα. τῇ δὲ ὑστεραίᾳ ἐκκλησίαν ἐποίησαν, ἐν ᾗ ἔδοξε τούς τε λιμένας ἀποχῶσαι πλὴν ἑνός, καὶ φυλακὰς τοῖς
25 τείχεσιν ἐφιστάναι, καὶ τὰ ἄλλα πάντα ὡς εἰς πολιορκίαν παρασκευάζειν τὴν πόλιν. καὶ οὗτοι μὲν ταῦτα ἐποίουν· ὁ δὲ Λύσανδρος, ἐκ τοῦ Ἑλλησπόντου ἀφικόμενος, ὡρμίσατο πρὸς τὸν Πειραιᾶ ναυσὶ πεντήκοντα καὶ ἑκατόν, καὶ τὰ πλοῖα εἶργε τοῦ εἴσπλου.

94. *The Athenians are reduced to great straits and ask for peace.*

Οἱ δὲ Ἀθηναῖοι, πολιορκούμενοι κατὰ γῆν καὶ κατὰ θάλατταν, ἠπόρουν τί χρὴ ποιεῖν, οὔτε νεῶν οὔτε συμμάχων αὐτοῖς ὄντων οὔτε σίτου, καὶ πολλοὶ λιμῷ ἀπέθνησκον· ἐπεὶ δὲ παντελῶς ἤδη ὁ σῖτος ἐπελελοίπει, ἔπεμψαν πρέσβεις εἰς Λακεδαίμονα, βουλόμενοι σύμμαχοι 5 εἶναι Λακεδαιμονίοις, ἔχοντες τὰ τείχη καὶ τὸν Πειραιᾶ, καὶ ἐπὶ τούτοις εἰρήνην ποιεῖσθαι. ἐπεὶ δὲ ἦσαν ἐν Σελλασίᾳ πλησίον τῆς Λακωνικῆς, καὶ ἐπύθοντο οἱ ἔφοροι ἃ ἔλεγον, αὐτόθεν αὐτοὺς ἐκέλευον ἀπιέναι καὶ εἴ τι δέονται εἰρήνης, ἥκειν κάλλιον βουλευσαμένους. οἱ δὲ πρέσβεις ἐπεὶ 10 ἧκον οἴκαδε καὶ ἀπήγγειλαν ταῦτα εἰς τὴν πόλιν, ἀθυμία ἐνέπεσε πᾶσιν· ἦσαν γὰρ ἤδη ἐν τῷ ἀσθενεστάτῳ· τέλος δέ, ὡς οὐκέτι ἐδύναντο ἀντέχειν, Θηραμένην καὶ ἄλλους τινὰς ἔπεμψαν, αὐτοκράτορας περὶ εἰρήνης.

95. *The submission of Athens.*

Καὶ οἱ Λακεδαιμόνιοι ἔφασαν ἕτοιμοι εἶναι εἰρήνην 15 ποιεῖσθαι ἐφ’ ᾧ τὰ μακρὰ τείχη καὶ τὸν Πειραιᾶ καθελεῖν καὶ τὰς ναῦς πλὴν δώδεκα παραδοῦναι καὶ τοὺς φυγάδας καθεῖναι καὶ τοῖς Λακεδαιμονίοις ἕπεσθαι καὶ κατὰ γῆν καὶ κατὰ θάλατταν ὅποι ἂν ἡγῶνται. Θηραμένης οὖν καὶ οἱ σὺν αὐτῷ πρέσβεις ἐπανέφερον ταῦτα εἰς τὰς Ἀθήνας· 20 εἰσιόντας δὲ αὐτοὺς ὄχλος περιεχεῖτο πολύς, φοβούμενος μὴ ἄπρακτοι ἥκοιεν· οὐ γὰρ ἔτι ἐνεχώρει μέλλειν διὰ τὸ πλῆθος τῶν ἀπολλυμένων τῷ λιμῷ. τῇ δὲ ὑστεραίᾳ ἀπήγγειλαν οἱ πρέσβεις τὰ ὑπὸ τῶν Λακεδαιμονίων εἰρημένα, καὶ ἔδοξε τῷ δήμῳ δέχεσθαι τὴν εἰρήνην. μετὰ 25 δὲ ταῦτα Λύσανδρός τε κατέπλει εἰς τὸν Πειραιᾶ καὶ οἱ φυγάδες κατῆσαν· καὶ τὰ μακρὰ τείχη κατέσκαπτον οἱ

Λακεδαιμόνιοι ὑπ' αὐλητρίδων πολλῇ προθυμίᾳ, νομίζοντες
ἐκείνην τὴν ἡμέραν τῇ Ἑλλάδι ἄρχειν τῆς ἐλευθερίας.

(II. 1. 25—2. 23.)

ANABASIS

After the death of Cyrus at the battle of Cunaxa, 401 B.C.,
and the murder of their generals by Tissaphernes the Greeks,
led by Cheirisophus and Xenophon, march through Armenia to
Trebizond on the Black Sea.

96. *Cheirisophus with the vanguard comes to a village.*

Χειρίσοφος δὲ καὶ οἱ σὺν αὐτῷ ὑπὸ νύκτα πρὸς κώμην
ἀφικνοῦνται καὶ ὑδροφορούσας γυναῖκας καὶ κόρας κατα-
5 λαμβάνουσι πρὸς τῇ κρήνῃ ἔμπροσθεν τοῦ ἐρύματος.
αὗται ἠρώτων τίνες εἶεν. ὁ δὲ ἑρμηνεὺς εἶπε περσιστὶ ὅτι
παρὰ βασιλέως πορεύοιντο πρὸς τὸν σατράπην. ἐπεὶ δὲ
ὀψὲ ἦν, πρὸς τὸν κωμάρχην ἔρχονται σὺν ταῖς ὑδροφόροις.
Χειρίσοφος μὲν οὖν καὶ ὅσοι ἐδυνήθησαν τοῦ στρατεύματος
10 ἐνταῦθα ἐστρατοπεδεύσαντο, τῶν δὲ ἄλλων στρατιωτῶν
οἱ μὴ δυνάμενοι διατελέσαι τὴν ὁδὸν ἐνυκτέρευσαν ἄσιτοι
καὶ ἄνευ πυρός. καὶ ἐνταῦθά τινες ἀπώλοντο τῶν
στρατιωτῶν· ἐλείποντο γὰρ οἵ τε διεφθαρμένοι ὑπὸ τῆς
χιόνος τοὺς ὀφθαλμοὺς οἵ τε ὑπὸ τοῦ ψύχους τοὺς δακτύ-
15 λους τῶν ποδῶν ἀποσεσηπότες.

97. *Exhaustion of the men in marching through the snow.*
Xenophon and the stragglers.

Καὶ ἰδόντες τινὲς αὐτῶν μέλαν τι χωρίον εἴκαζον τὴν
χιόνα αὐτόθι τετηκέναι, καὶ ἐτετήκει διὰ κρήνην τινὰ ἣ
πλησίον ἦν ἀτμίζουσα ἐν νάπῃ. ἐνταῦθα ἐκάθηντο καὶ
οὐκ ἔφασαν πορεύσεσθαι. ὁ δὲ Ξενοφῶν, ἔχων τοὺς

ὀπισθοφύλακας, ὡς ἤσθετο, ἐδεῖτο αὐτῶν πάσῃ τέχνῃ καὶ
μηχανῇ ἀναστῆναι, λέγων ὅτι ἕπονται πολλοὶ πολέμιοι·
καὶ τελευτῶν ἐχαλέπαινεν, οἱ δὲ σφάττειν ἐκέλευον, οὐ
γὰρ ἂν δύνασθαι πορευθῆναι. ἐνταῦθα ἔδοξε κράτιστον
εἶναι τοὺς ἑπομένους πολεμίους φοβῆσαι, εἴ πως δύναιντο, 5
μὴ ἐπίοιεν τοῖς κάμνουσιν. καὶ ἦν μὲν σκότος ἤδη, οἱ δὲ
προσῆσαν πολλῷ θορύβῳ. ἔνθα δὴ οἱ μὲν ὑγιαίνοντες
ἀναστάντες ἔδραμον ἐπὶ τοὺς πολεμίους, οἱ δὲ κάμνοντες
τὰς ἀσπίδας πρὸς τὰ δόρατα ἔκρουσαν· οἱ δὲ πολέμιοι
δείσαντες ἔφυγον διὰ τῆς χιόνος ἐς τὴν νάπην. 10

98. An Armenian village.

Ἐπεὶ δὲ Ξενοφῶν καὶ Χειρίσοφος συνεγένοντο ἀλλήλοις,
ἔδοξεν ἀσφαλὲς εἶναι σκηνεῖν ἐν ταῖς κώμαις. καὶ Χειρί-
σοφος μὲν αὐτοῦ ἔμενεν, οἱ δὲ ἄλλοι, διαλαχόντες ἃς
ἑώρων κώμας, ἐπορεύοντο. ἔνθα δὴ Πολυκράτης, Ἀθηναῖος
λοχαγός, σὺν τοῖς εὐζώνοις θέων ἐπὶ τὴν κώμην ἣν εἴληχει 15
Ξενοφῶν, καταλαμβάνει πάντας ἔνδον τοὺς κωμήτας καὶ
τὸν κωμάρχην, καὶ πώλους εἰς δασμὸν βασιλεῖ τρεφο-
μένους ἑπτακαίδεκα, καὶ τὴν θυγατέρα τοῦ κωμάρχου
ἐνάτην ἡμέραν γεγαμημένην· ὁ δὲ ἀνὴρ αὐτῆς λαγὼς ᾤχετο
θηράσων καὶ οὐχ ἥλω ἐν ταῖς κώμαις. αἱ δὲ οἰκίαι ἦσαν 20
κατάγειοι, τὸ μὲν στόμα ὥσπερ φρέατος ἔχουσαι, κάτω
δὲ εὐρεῖαι. αἱ δὲ εἴσοδοι τοῖς μὲν ὑποζυγίοις ὀρυκταὶ ἦσαν,
οἱ δὲ ἄνθρωποι κατέβαινον κατὰ κλίμακος.

99. Food and drink.

Ἐν δὲ ταῖς οἰκίαις ἦσαν αἶγες, ὄϊες, βόες, ὄρνιθες καὶ
τὰ ἔκγονα τούτων· τὰ δὲ κτήνη πάντα χιλῷ ἔνδον ἐτρέ- 25
φετο. ἦσαν δὲ καὶ πυροὶ καὶ κριθαὶ καὶ ὄσπρια καὶ οἶνος

κρίθινος ἐν κρατῆρσιν. ἐνῆσαν δὲ καὶ αὐταὶ αἱ κριθαὶ
ἰσοχειλεῖς, καὶ κάλαμοι ἐνέκειντο, οἱ μὲν μείζους οἱ δέ
ἐλάττους, γόνατα οὐκ ἔχοντες· τούτους δὲ ἔδει, ὁπότε τις
διψῴη, λαβόντα εἰς τὸ στόμα μύζειν. ὁ δὲ Ξενοφῶν
5 τὸν κωμάρχην σύνδειπνον ἐποιήσατο καὶ θαρρεῖν ἐκέλευε,
λέγων ὅτι οὔτε τῶν παίδων στερήσοιτο οὔτε τῶν
χρημάτων. ὁ δὲ ὑπέσχετο κατὰ τὸ δυνατὸν ὠφελήσειν
τὸ στράτευμα. ταύτην μὲν οὖν τὴν νύκτα οὕτως ἔμειναν
ἐν ἀφθόνοις πάντες οἱ στρατιῶται, ἐν φυλακῇ ἔχοντες
10 τὸν κωμάρχην καὶ τὰ τέκνα αὐτοῦ.

100. Hospitality of the natives.

Τῇ δὲ ἐπιούσῃ ἡμέρᾳ Ξενοφῶν λαβὼν τὸν κωμάρχην
πρὸς Χειρίσοφον ἐπορεύετο. ὅπου δὲ παρίοι κώμην, κατε-
λάμβανε τοὺς ἐν ταῖς οἰκίαις πανταχοῦ εὐωχουμένους, καὶ
οὐδαμόθεν ἀφίεσαν πρὶν παραθεῖεν αὐτοῖς ἄριστον· παρε-
15 τίθεσαν δὲ ἐπὶ τὴν αὐτὴν τράπεζαν κρέα ἄρνεια, ἐρίφεια,
χοίρεια, μόσχεια, ὀρνίθεια σὺν πολλοῖς ἄρτοις, τοῖς μὲν
πυρίνοις, τοῖς δὲ κριθίνοις. ὁπότε δέ τις βούλοιτό τῳ
προπιεῖν, εἷλκεν ἐπὶ τὸν κρατῆρα, ἔνθεν ἐπικύψαντα ἔδει
πίνειν, ῥοφοῦντα ὥσπερ βοῦν. ἐπεὶ δὲ ἦλθον πρὸς Χειρί-
20 σοφον, κατελάμβανον ἐκείνους ἐστεφανωμένους τοῦ ξηροῦ
χιλοῦ στεφάνοις καὶ διακονοῦντας Ἀρμενίους παῖδας ἐν
ταῖς βαρβαρικαῖς στολαῖς· τοῖς δὲ παισὶν ἐδείκνυσαν
ὥσπερ ἐνεοῖς ὅ,τι δέοι ποιεῖν.

101. An exchange of horses.

Χειρίσοφος δὲ καὶ Ξενοφῶν κοινῇ ἠρώτων τὸν
25 κωμάρχην διὰ τοῦ περσίζοντος ἑρμηνέως τίς εἴη ἡ χώρα.
ὁ δὲ ἔλεγεν ὅτι Ἀρμενία· καὶ πάλιν ἠρώτων τίνι οἱ ἵπποι

τρέφοιντο· ὁ δὲ ἔλεγεν ὅτι βασιλεῖ δασμός. καὶ Ξενοφῶν
ἵππον ὃν εἰλήφει, παλαίτερον ὄντα, δίδωσι τῷ κωμάρχῃ
ἀναθρέψαντι καταθῦσαι, ἀκούσας ὅτι ἱερὸς εἴη τοῦ
Ἡλίου, δεδιὼς δὲ μὴ ἀποθάνῃ· ἐκεκάκωτο γὰρ τῇ πορείᾳ.
αὐτὸς δὲ τῶν πώλων ἕνα λαμβάνει, καὶ τῶν ἄλλων στρατ- 5
ηγῶν καὶ λοχαγῶν ἔδωκεν ἑκάστῳ πῶλον. ἐνταῦθα δὴ
καὶ διδάσκει ὁ κωμάρχης περὶ τοὺς πόδας τῶν ἵππων καὶ
ὑποζυγίων σακία περιιλλειν, ὅταν διὰ τῆς χιόνος ἄγωσιν·
ἄνευ γὰρ τῶν σακίων κατεδύοντο μέχρι τῆς γαστρός.

(IV. 5. 8–36.)

102. The march to the coast.

Ἐντεῦθεν ἐπορεύθησαν εἰς πόλιν μεγάλην καὶ εὐδαίμονα 10
ἣ ἐκαλεῖτο Γυμνιάς. ἐκ ταύτης ὁ τῆς χώρας ἄρχων τοῖς
Ἕλλησιν ἡγεμόνα ἔπεμψεν, ὅπως διὰ τῆς ἑαυτοῦ πολε-
μίας χώρας ἄγοι αὐτούς. ἐλθὼν δὲ ἐκεῖνος λέγει ὅτι
ἄξει αὐτοὺς πέντε ἡμερῶν εἰς χωρίον ὅθεν ὄψονται θά-
λατταν· εἰ δὲ μή, τεθνάναι ἐπηγγείλατο. καὶ ἡγούμενος, 15
ἐπειδὴ ἐνέβαλεν ἐς τὴν ἑαυτοῦ πολεμίαν, παρεκελεύετο
αὐτοῖς αἴθειν καὶ φθείρειν τὴν χώραν· ᾧ καὶ δῆλον ἐγένετο
ὅτι τούτου ἕνεκα ἔλθοι, οὐ τῆς τῶν Ἑλλήνων εὐνοίας. καὶ
ἀφικνοῦνται ἐπὶ τὸ ὄρος τῇ πέμπτῃ ἡμέρᾳ· ὄνομα δὲ τῷ
ὄρει ἦν Θήχης. ἐπεὶ δὲ οἱ πρῶτοι ἐγένοντο ἐπὶ τοῦ 20
ὄρους καὶ κατεῖδον τὴν θάλατταν, κραυγὴ πολλὴ ἐγένετο.
ἀκούσας δὲ ὁ Ξενοφῶν καὶ οἱ ὀπισθοφύλακες ᾠήθησαν
ἔμπροσθεν ἄλλους ἐπιτιθέσθαι πολεμίους· εἵποντο γὰρ
ὄπισθεν οὐκ ὀλίγοι ἐκ τῆς καιομένης χώρας.

103. In sight of the sea.

Ἐπεὶ δὲ ἡ βοὴ πολλῷ μείζων ἐγίγνετο καὶ οἱ ἀεὶ 25
ἐπιόντες ἔθεον δρόμῳ ἐπὶ τοὺς βοῶντας, ἐδόκει δὴ μεῖζόν τι

εἶναι τῷ Ξενοφῶντι. καὶ ἀναβὰς ἐφ' ἵππον καὶ τοὺς
ἱππέας ἀναλαβὼν παρεβοήθει· καὶ τάχα δὴ ἀκούουσι
βοώντων τῶν στρατιωτῶν "θάλαττα, θάλαττα." ἔνθα
δὴ ἔθεον καὶ οἱ ὀπισθοφύλακες, καὶ τὰ ὑποζύγια ἠλαύνετο
5 καὶ οἱ ἵπποι. ἐπεὶ δὲ ἀφίκοντο πάντες ἐπὶ τὸ ἄκρον,
ἐνταῦθα περιέβαλλον ἀλλήλους δακρύοντες. μετὰ ταῦτα
τὸν ἡγεμόνα ἀποπέμπουσι δῶρα δόντες, ἵππον καὶ φιάλην
ἀργυρᾶν καὶ σκευὴν Περσικὴν καὶ δαρεικοὺς δέκα· ᾔτει δὲ
μάλιστα τοὺς δακτυλίους, καὶ ἔλαβε πολλοὺς παρὰ τῶν
10 στρατιωτῶν. κώμην δὲ δείξας αὐτοῖς οὗ σκηνήσουσι καὶ
τὴν ὁδὸν ἣν πορεύσονται εἰς Μάκρωνας, ἐπεὶ ἑσπέρα
ἐγένετο, ᾤχετο ἀπιών.

104. The opposition of the Macrones.

Ἐντεῦθεν ἐπορεύθησαν οἱ Ἕλληνες διὰ Μακρώνων, καὶ
τῇ πρώτῃ ἡμέρᾳ ἀφίκοντο ἐπὶ τὸν ποταμὸν ὃς ὥριζε τὴν
15 τῶν Μακρώνων χώραν. εἶχον δὲ ἐκ δεξιᾶς χωρίον χαλε-
πώτατον καὶ ἐξ ἀριστερᾶς ἄλλον ποταμόν, εἰς ὃν ἐνέβαλλεν
ὁ ὁρίζων, δι' οὗ ἔδει διαβῆναι. οἱ δὲ Μάκρωνες, ἔχοντες
γέρρα καὶ λόγχας, παρατεταγμένοι ἦσαν, φυλάττοντες
τὴν τοῦ ποταμοῦ διάβασιν. ἔνθα δὴ προσῆλθε τῷ
20 Ξενοφῶντι τῶν πελταστῶν ἀνὴρ Ἀθήνησι φάσκων δεδου-
λευκέναι, λέγων ὅτι γιγνώσκοι τὴν φωνὴν τῶν ἀνθρώπων.
" καὶ οἶμαι," ἔφη, " ἐμὴν ταύτην πατρίδα εἶναι, καὶ εἰ μή
τι κωλύει, ἐθέλω αὐτοῖς διαλεχθῆναι." "ἀλλ' οὐδὲν κωλύει,"
ἔφη ὁ Ξενοφῶν, "ἀλλὰ διαλέγου, καὶ μάθε πρῶτον
25 τίνες εἰσίν." ἐρωτήσαντος δὲ τοῦ ἀνδρός, εἶπον ὅτι
Μάκρωνες εἶεν.

105. A treaty.

" Ἐρώτα τοίνυν," ἔφη, " αὐτοὺς τί ἀντιτετάχαται καὶ χρῄζουσιν ἡμῖν πολέμιοι εἶναι." οἱ δὲ ἀπεκρίναντο· " ὅτι καὶ ὑμεῖς ἐπὶ τὴν ἡμετέραν χώραν ἔρχεσθε." λέγειν ἐκέλευον οἱ στρατηγοὶ ὅτι " οὐ κακῶς ποιήσομεν, ἀλλὰ βασιλεῖ πολεμήσαντες ἀπερχόμεθα εἰς τὴν Ἑλλάδα, καὶ ἐπὶ 5 θάλατταν βουλόμεθα ἀφικέσθαι." ἠρώτων ἐκεῖνοι εἰ τούτων τὰ πιστὰ δοῦναι ἐθέλοιεν. οἱ δὲ στρατηγοὶ ἔφασαν καὶ δοῦναι καὶ λαβεῖν ἐθέλειν. ἐντεῦθεν διδόασιν οἱ μὲν Μάκρωνες βαρβαρικὴν λόγχην τοῖς Ἕλλησιν, οἱ δὲ Ἕλληνες ἐκείνοις Ἑλληνικήν. ταῦτα γὰρ ἔφασαν πιστὰ 10 εἶναι. μετὰ δὲ τὰ πιστὰ εὐθὺς οἱ Μάκρωνες ἀγορὰν τοῖς Ἕλλησι παρεῖχον καὶ παρήγαγον ἐν τρισὶν ἡμέραις ἐπὶ τὰ τῶν Κόλχων ὅρια. ἐνταῦθα ἦν ὄρος μέγα, προσβατὸν δέ· καὶ ἐπὶ τούτου οἱ Κόλχοι παρατεταγμένοι ἦσαν. οἱ δὲ Ἕλληνες ἀντιπαρετάξαντο. 15

106. The effects of poisonous honey.

Ἐπεὶ δὲ ἐν ταῖς χώραις ἕκαστοι ἐγένοντο, Ξενοφῶν ἔλεγε τοῖς στρατιώταις, " ἄνδρες, οὗτοι οὓς ὁρᾶτε μόνοι ἔτι εἰσὶν ἡμῖν ἐμποδών· τούτους, ἐάν πως δυνώμεθα, καὶ ὠμοὺς δεῖ καταφαγεῖν." οἱ δὲ πολέμιοι, ὡς τοὺς Ἕλληνας εἶδον ἐπιόντας, οὐκέτι ἔστησαν, ἀλλὰ φυγῇ ἄλλος ἄλλῃ 20 ἐτράποντο. οἱ δὲ Ἕλληνες ἀναβάντες ἐστρατοπεδεύοντο ἐν πολλαῖς κώμαις, ἐπιτήδεια πολλὰ ἐχούσαις. καὶ ἄλλο μὲν οὐδὲν ἦν θαυμαστὸν αὐτόθι, τὰ δὲ σμήνη πολλὰ ἦν, καὶ τῶν κηρίων ὅσοι ἔφαγον τῶν στρατιωτῶν, ἄφρονές τε ἐγίγνοντο καὶ ἤμουν, καὶ ὀρθὸς οὐδεὶς ἐδύνατο ἵστασθαι· 25 ἀλλ' οἱ μὲν ὀλίγον ἐδηδοκότες μεθύουσιν ἐῴκεσαν, οἱ δὲ πολὺ μαινομένοις, οἱ δὲ καὶ ἀποθνήσκουσιν· καὶ πολλὴ ἦν

ἀθυμία· τῇ δὲ ὑστεραίᾳ ἀπέθανε μὲν οὐδείς, ἀμφὶ δὲ τὴν
αὐτὴν ὥραν ἀνεφρόνουν· τρίτῃ δὲ καὶ τετάρτῃ ἀνίσταντο
ὥσπερ ἐκ φαρμακοποσίας.

107. The Greeks at Trebizond.

Ἐντεῦθεν ἐπορεύθησαν παρασάγγας ἑπτὰ καὶ ἦλθον ἐπὶ
5 θάλατταν εἰς Τραπεζοῦντα, πόλιν Ἑλληνίδα. ἐνταῦθα
ἔμειναν ἡμέρας τριάκοντα ἐν ταῖς τῶν Κόλχων κώμαις·
καὶ ἐντεῦθεν ὁρμώμενοι ἐλήϊζοντο τὴν Κολχίδα. ἀγορὰν
δὲ παρεῖχον τῷ στρατοπέδῳ Τραπεζούντιοι, καὶ ἐδέξαντό
τε τοὺς Ἕλληνας καὶ ξένια ἔδοσαν, βοῦς καὶ ἄλφιτα καὶ
10 οἶνον. μετὰ τοῦτο τὴν θυσίαν ἣν εὔξαντο παρεσκευάζοντο·
ἦσαν δὲ αὐτοῖς ἱκανοὶ βόες ἀποθῦσαι τῷ Διί καὶ τῷ
Ἡρακλεῖ καὶ τοῖς ἄλλοις θεοῖς. ἐποίησαν δὲ καὶ ἀγῶνα
γυμνικὸν ἐν τῷ ὄρει ἔνθαπερ ἐσκήνουν· εἵλοντο δὲ Δρα-
κόντιον Σπαρτιάτην, ὃς ἔφυγεν ἔτι παῖς ὢν οἴκοθεν, παῖδα
15 ἄκων ἀποκτείνας, δρόμου τε ἐπιμεληθῆναι καὶ τοῦ ἀγῶνος
προστατῆσαι.

108. Athletics under difficulties.

Ἐπεὶ δὲ ἡ θυσία ἐγένετο, τὰ δέρματα παρέδοσαν τῷ
Δρακοντίῳ καὶ ἡγεῖσθαι ἐκέλευσαν ἐς τὸν δρόμον. ὁ δὲ
δείξας οὗπερ ἑστηκότες ἐτύγχανον, " οὗτος ὁ λόφος," ἔφη,
20 " κάλλιστος τρέχειν ὅπου ἄν τις βούληται." " πῶς
οὖν," ἔφασαν, " δυνήσονται παλαίειν ἐν χωρίῳ σκληρῷ
καὶ δασεῖ οὕτως ;" ὁ δὲ εἶπε, "μᾶλλόν τι ἀνιάσεται ὁ
καταπεσών." καὶ παῖδες μὲν τῶν αἰχμαλώτων στάδιον
ἔθεον, δόλιχον δὲ Κρῆτες πλείους ἢ ἑξήκοντα, πάλην δὲ
25 καὶ πυγμὴν ἄλλοι ἠγωνίζοντο. ἔθεον δὲ καὶ ἵπποι, καὶ
ἔδει τοὺς ἄνδρας, κατὰ τοῦ πρανοῦς ἐλάσαντας αὐτοὺς καὶ
ἐν τῇ θαλάττῃ ἀναστρέψαντας, πάλιν ἄνω πρὸς τὸν

βωμὸν ἄγειν. καὶ κάτω μὲν οἱ πολλοὶ ἐκυλινδοῦντο, ἄνω
δὲ πρὸς τὸ ἰσχυρῶς ὄρθιον μόλις βάδην ἐπορεύοντο οἱ
ἵπποι· ἔνθα πολλὴ κραυγὴ καὶ γέλως καὶ παρακέλευσις
ἐγίγνετο.

(IV. 7. 19—8. 28.)

109. *When the Greeks came to Thrace, they took service with
Seuthes, a native prince. He invites their leaders to dinner.*

Μετὰ τοῦτο τοὺς στρατηγοὺς καὶ λοχαγοὺς ἐπὶ δεῖπνον 5
Σεύθης ἐκάλεσεν· ἐπεὶ δὲ ἐπὶ θύραις ἦσαν, Ἡρακλείδης
τις προσελθὼν Ξενοφῶντι ἔλεγεν ὅτι δέοι ὡς μάλιστα
τιμῆσαι Σεύθην. "ὅσῳ γὰρ μείζω," ἔφη, "τούτῳ δωρή-
σει, τοσούτῳ μείζω ὑπὸ τούτου ἀγαθὰ πείσει." ἀκούων
ταῦτα Ξενοφῶν ἠπόρει· ἦλθε γὰρ εἰς τὴν κώμην, οὐδὲν 10
ἔχων εἰ μὴ ἐφόδιον. ἐπεὶ δὲ εἰσῆλθον ἐπὶ τὸ δεῖπνον,
ἐκάθηντο κύκλῳ· ἔπειτα τρίποδες εἰσηνέχθησαν πᾶσιν·
οὗτοι δὲ ἦσαν κρεῶν μεστοὶ νενεμημένων, καὶ ἄρτοι μεγάλοι
προσπεπερονημένοι ἦσαν πρὸς τοῖς κρέασιν. καὶ πρῶτος
τόδε ἐποίει Σεύθης· ἀνελόμενος τοὺς ἑαυτῷ παρακειμένους 15
ἄρτους, διέκλα κατὰ μικρὸν καὶ διέρριπτεν οἷς αὐτῷ ἐδόκει,
καὶ τὰ κρέα ὡσαύτως, μικρόν τι μόνον ἑαυτῷ καταλιπών.
καὶ οἱ ἄλλοι ταῦτα ἐποίουν.

110. *The appetite of Arystas.   Gifts to Seuthes.*

Ἀρκὰς δέ τις, Ἀρύστας ὄνομα, φαγεῖν δεινός, διέρριψε
μὲν οὔ, λαβὼν δὲ εἰς τὴν χεῖρα τριχοίνικον ἄρτον, καὶ κρέα 20
θέμενος ἐπὶ τὰ γόνατα, ἐδείπνει. κέρατα δὲ οἴνου περι-
έφερον, καὶ πάντες ἐδέχοντο· ὁ δὲ Ἀρύστας, ἐπεὶ παρ᾽
αὐτὸν ὁ φέρων τὸ κέρας ἧκεν, εἶπεν ἰδὼν τὸν Ξενοφῶντα
οὐκέτι δειπνοῦντα· "ἐκείνῳ," ἔφη, "δός· σχολάζει γὰρ
ἤδη, ἐγὼ δὲ οὐδέπω." ἀκούσας Σεύθης τὴν φωνὴν ἠρώτα 25

τὸν οἰνοχόον τί λέγοι. ὁ δὲ εἶπεν· ἑλληνίζειν γὰρ ἠπίστατο. ἐνταῦθα μὲν δὴ γέλως ἐγένετο. μετὰ ταῦτα εἰσῆλθεν ἀνὴρ Θρᾷξ, ἵππον ἔχων λευκόν, καὶ λαβὼν κέρας μεστὸν εἶπε· " προπίνω σοι, ὦ Σεύθη, τὸν ἵππον τοῦτον, 5 ἐφ᾽ οὗ καὶ διώκων ὃν ἂν ἐθέλῃς αἱρήσεις, καὶ ἀποχωρῶν οὐ δείσεις τὸν πολέμιον." ἄλλος δέ τις φέρων ἱμάτια τῇ γυναικὶ ἐδωρήσατο, καὶ ἄλλος φιάλην τε ἀργυρᾶν καὶ τάπιδα ἀξίαν δέκα μνῶν.

111. Xenophon's gift.

Ἐνταῦθα ὁ μὲν Ξενοφῶν ἠπόρει τί ποιήσει· καὶ γὰρ 10 ἐτύγχανεν, ὡς τιμώμενος, ἐν τῷ πλησιαιτάτῳ δίφρῳ Σεύθῃ καθήμενος· τοῦ δὲ οἰνοχόου ὀρέγοντος αὐτῷ τὸ κέρας, ἀνέστη θαρραλέως καὶ εἶπεν· " ἐγὼ δέ σοι, ὦ Σεύθη, δίδωμι ἐμαυτὸν καὶ τοὺς ἑταίρους, οὐκ ἄκοντας, ἀλλὰ πάντας μᾶλλον ἔτι ἐμοῦ σοι βουλομένους φίλους 15 εἶναι. καὶ νῦν πάρεισιν οὐδέν σε προσαιτοῦντες, ἀλλὰ καὶ πονεῖν ὑπὲρ σοῦ καὶ προκινδυνεύειν ἐθέλοντες· μεθ᾽ ὧν, ἐὰν οἱ θεοὶ ἐθέλωσι, πολλὴν μὲν χώραν ἀπολήψει, πατρῴαν οὖσαν, ἄλλην δὲ κτήσει." μετὰ ταῦτα εἰσῆλθον νεανίαι, κέρασιν αὐλοῦντες καὶ σάλπιγξιν ὠμοβοείαις σαλπίζοντες. 20 καὶ αὐτὸς Σεύθης ἀναστὰς ἀνέκραγε τὸ πολεμικὸν καὶ ἐξήλατο, ὥσπερ βέλη φυλαττόμενος, μάλα ἐλαφρῶς. εἰσῇσαν δὲ καὶ γελωτοποιοί.

(VII. 3. 15-33.)

MEMORABILIA.

112. Socrates refuses to consent to the illegal trial of the eight generals.

Βουλεύσας ποτὲ ὁ Σωκράτης καὶ ὀμόσας κατὰ τοὺς νόμους βουλεύσειν, οὐ πολλῷ ὕστερον ἐπιστάτης ἐν τῷ

δήμῳ ἐγένετο· ἐπιθυμοῦντος δὲ τοῦ δήμου παρὰ τοὺς
νόμους τοὺς ὀκτὼ στρατηγοὺς μιᾷ ψήφῳ ἀποκτεῖναι
πάντας, οὐκ ἠθέλησεν ἐπιψηφίσαι. καὶ ὀργιζομένων μὲν
αὐτῷ τῶν πολιτῶν, πολλῶν δὲ καὶ δυνατῶν ἀπειλούντων,
περὶ πλείονος ἐποιήσατο εὐορκεῖν ἢ χαρίσασθαι τῷ δήμῳ 5
παρὰ τὸ δίκαιον. καὶ γὰρ ἐπιμελεῖσθαι θεοὺς ἐνόμιζεν
ἀνθρώπων, οὐχ ὥσπερ οἱ πολλοὶ νομίζουσιν· οὗτοι μὲν
γὰρ οἴονται τοὺς θεοὺς τὰ μὲν εἰδέναι, τὰ δὲ οὐκ εἰδέναι·
Σωκράτης δὲ ἡγεῖτο πάντα θεοὺς εἰδέναι, τά τε λεγόμενα
καὶ τὰ πραττόμενα καὶ τὰ σιγῇ βουλευόμενα, καὶ παν- 10
ταχοῦ παρεῖναι καὶ σημαίνειν τοῖς ἀνθρώποις περὶ τῶν
ἀνθρωπείων.

(I. 1. 18–19.)

**113. Socrates advises Crito to find a "watch-dog" for
his protection.**

Ἤκουσά ποτε Κρίτωνος τῷ Σωκράτει λέγοντος ὡς
χαλεπὸς ὁ βίος Ἀθήνησιν εἴη ἀνδρὶ βουλομένῳ τὰ ἑαυτοῦ
πράττειν· "νῦν γάρ," ἔφη, " ἐμοῦ τινες κατηγοροῦσιν, οὐχ 15
ὅτι ἀδικοῦνται ὑπ᾽ ἐμοῦ, ἀλλ᾽ ὅτι νομίζουσιν ἥδιον ἄν με
ἀργύριον τελέσαι ἢ πράγματα ἔχειν." καὶ ὁ Σωκράτης,
" εἰπέ μοι," ἔφη, " ὦ Κρίτων, κύνας τρέφεις, ἵνα σοι τοὺς
λύκους ἀπὸ τῶν προβάτων ἀπερύκωσιν;" "καὶ μάλα,"
ἔφη, " μᾶλλον γάρ μοι λυσιτελεῖ τρέφειν ἢ μή." " οὐκ 20
οὖν δοκεῖ τρέφειν καὶ ἄνδρα, ἵνα ἐθέλῃ τε καὶ δύνηται σοῦ
ἀπερύκειν τοὺς ἐπιχειροῦντας ἀδικεῖν σε;" " ἀληθῆ
λέγεις," ἔφη, " ὦ Σώκρατες· τοιοῦτον γὰρ ἡδέως ἂν
θρέψαιμι."

114. The Watch-dog.

Μετὰ δὲ ταῦτα ἀνευρίσκει Ἀρχέδημον, πάνυ μὲν ἱκανὸν εἰπεῖν τε καὶ πρᾶξαι, πένητα δέ. τούτῳ οὖν ὁ Κρίτων, ὁπότε συγκομίζοι ἢ σῖτον ἢ ἔλαιον ἢ οἶνον ἢ ἄλλο τι τῶν ἐν ἀγρῷ γιγνομένων χρησίμων, ἀφελών τι ἐδίδου, καὶ 5 ὁπότε θύοι, ἐπὶ τὸ δεῖπνον ἐκάλει. νομίσας δὲ ὁ Ἀρχέδημος ἀποστροφήν οἱ εἶναι τὸν Κρίτωνος οἶκον, μάλα περιεῖπεν αὐτόν. καὶ εὐθὺς τῶν συκοφαντούντων τὸν Κρίτωνα ἀνεῦρε πολλὰ ἀδικήματα, καὶ αὐτῶν τινα προσεκαλέσατο εἰς δίκην. ὁ δέ, συνειδὼς αὑτῷ πολλὰ καὶ 10 πονηρά, τόν τε Κρίτωνα ἀφῆκε καὶ τῷ Ἀρχεδήμῳ χρήματα ἔδωκεν, ὥστε ἀπαλλαγῆναι αὐτοῦ. ἐπεὶ δὲ τοῦτό τε καὶ ἄλλα τοιαῦτα ὁ Ἀρχέδημος ἐποίησε, πολλοὶ τοῦ Κρίτωνος ἐδέοντο καὶ σφίσι παρέχειν φύλακα Ἀρχέδημον, ὥσπερ, ὅταν ποιμὴν ἀγαθὸν κύνα ἔχῃ, καὶ οἱ ἄλλοι ποιμένες 15 βούλονται πλησίον αὐτοῦ τὰ πρόβατα ἱστάναι.

(II. 9. 1–7.)

115. Socrates tells the story of the choice of Hercules.

Πρόδικος ὁ σοφὸς περὶ τοῦ Ἡρακλέους μυθολογεῖ τοιάδε. Ὁ Ἡρακλῆς, ἐπεὶ εἰς ἥβην ηὐξάνετο (ἐν ᾗ οἱ νέοι, αὐτοκράτορες γιγνόμενοι, δηλοῦσιν εἴτε τὴν δι' ἀρετῆς ὁδὸν τρέψονται ἐπὶ τὸν βίον εἴτε τὴν διὰ κακίας), 20 ἐκάθητο ἀπορῶν, ὁποτέραν τῶν ὁδῶν τράπηται. καὶ ἐφάνησαν αὐτῷ δύο γυναῖκες προσιέναι μεγάλαι, ἡ μὲν ἐλευθέριος φύσει καὶ καθαρότητι καὶ αἰδοῖ εὐπρεπής, ἡ δὲ ἑτέρα κεκαλλωπισμένη τὸ χρῶμα, ὥστε λευκοτέρα τε καὶ ἐρυθροτέρα τοῦ ὄντος φαίνεσθαι, καὶ τὰ ὄμματα ἔχουσα 25 ἀναιδῆ. ὡς δὲ ἐγένοντο πλησιαίτερον τοῦ Ἡρακλέους, αὕτη φθάσαι βουλομένη προσέδραμεν αὐτῷ καὶ εἶπεν·

" ὁρῶ σε, ὦ Ἡράκλεις, ἀποροῦντα ποίαν ὁδὸν τράπῃ· ἐὰν
οὖν ἐμὲ φίλην ποιήσῃ, ἐπὶ τὴν ἡδίστην τε καὶ ῥᾴστην ὁδὸν
ἄξω σε. πολέμων μὲν γὰρ καὶ πραγμάτων ἄπειρος ἔσει,
σκοπούμενος δὲ διάξεις, τί ἂν ἄριστον ἢ σῖτον ἢ ποτὸν
εὕροις, ἢ τί ἂν ἰδὼν ἢ τι ἀκούσας μάλιστα τερφθείης." 5
καὶ ὁ Ἡρακλῆς ἀκούσας ταῦτα, " ὦ γύναι," ἔφη, " ὄνομα
δέ σοι τί ἐστιν;" ἡ δέ, " οἱ μὲν φίλοι," ἔφη, " καλοῦσί
με Εὐδαιμονίαν, οἱ δὲ μισοῦντες Κακίαν."

116.

Καὶ ἐν τούτῳ ἡ ἑτέρα γυνὴ προσελθοῦσα εἶπεν· " καὶ
ἐγὼ ἥκω πρὸς σέ, ὦ Ἡράκλεις, εἰδυῖα τοὺς σοὺς τοκέας, 10
καὶ τὴν φύσιν τὴν σὴν ἐν τῇ παιδείᾳ καταμαθοῦσα· ἐξ ὧν
ἐλπίζω, ἐὰν τὴν πρὸς ἐμὲ ὁδὸν τράπῃ, τῶν καλῶν καὶ
σεμνῶν ἐργάτην σε γενήσεσθαι· οὐδὲ ἐξαπατήσω σε
προοιμίοις ἡδονῆς ἀλλὰ τὰ ὄντα διηγήσομαι μετ᾽ ἀλη-
θείας. τῶν γὰρ ὄντων ἀγαθῶν καὶ καλῶν οὐδὲν ἄνευ 15
πόνου θεοὶ διδόασιν ἀνθρώποις. ποιητὴς γάρ τις λέγει
  τῆς δ᾽ ἀρετῆς ἱδρῶτα θεοὶ προπάροιθεν ἔθηκαν.
εἴτε οὖν τοὺς θεοὺς ἵλεως εἶναί σοι βούλει, θεραπευτέον
τοὺς θεούς, εἴτε ὑπὸ φίλων ἀγαπᾶσθαι, τοὺς φίλους
εὐεργετητέον." 20
  Καὶ ἡ Κακία ὑπολαβοῦσα εἶπεν, ὥς φησι Πρόδικος·
" ἐννοεῖς, ὦ Ἡράκλεις, ὡς χαλεπὴν καὶ μακρὰν ὁδὸν αὕτη
ἡ γυνή σοι διηγεῖται; ἐγὼ δὲ ῥᾳδίαν καὶ βραχεῖαν ὁδὸν
ἐπὶ τὴν εὐδαιμονίαν ἄξω σε." καὶ ἡ Ἀρετὴ εἶπεν· " ὦ
κακίστη, τί δὲ σὺ ἀγαθὸν ἔχεις; τίς δ᾽ ἄν σοι λεγούσῃ τι 25
πιστεύσειεν; ἀθάνατος δὲ οὖσα, ἐκ θεῶν μὲν ἀπέρριψαι,
ὑπὸ δὲ ἀνθρώπων ἀγαθῶν ἀτιμάζει· ἐγὼ δὲ σύνειμι μὲν
θεοῖς, σύνειμι δὲ ἀνθρώποις τοῖς ἀγαθοῖς, ἔργον δὲ καλὸν

οὔτε θεῖον οὔτε ἀνθρώπινον χωρὶς ἐμοῦ γίγνεται. προσ-
ήκει οὖν σοι, ὦ παῖ τοκέων ἀγαθῶν Ἡράκλεις, τραπομένῳ
τὴν πρὸς ἐμὲ ὁδὸν κεκτῆσθαι τὴν εὐδαιμονίαν.

(II. 1. 21–33.)

117. *Remarks of Socrates on walking and carrying.*

Φοβουμένου δέ τινος τὴν εἰς Ὀλυμπίαν ὁδόν, "τί,"
5 ἔφη, "φοβεῖ σὺ τὴν πορείαν; οὐ καὶ οἴκοι σχεδὸν ὅλην
τὴν ἡμέραν περιπατεῖς; καὶ ἐκεῖσε πορευόμενος, περι-
πατήσας ἀριστήσεις, περιπατήσας δειπνήσεις καὶ ἀνα-
παύσει. οὐκ οἶσθα ὅτι, εἰ ἐκτείνειας τοὺς περιπάτους οὓς
ἐν πέντε ἢ ἓξ ἡμέραις περιπατεῖς, ῥᾳδίως ἂν Ἀθήνηθεν εἰς
10 Ὀλυμπίαν ἀφίκοιο;"

Ἄλλου δὲ λέγοντος ὡς παρετάθη μακρὰν ὁδὸν πορευθείς,
ἠρέτο αὐτὸν εἰ καὶ φορτίον ἔφερε. "μὰ Δί', οὐκ ἔγωγε,"
ἔφη, "εἰ μὴ τὸ ἱμάτιον." "μόνος δὲ ἐπορεύου," ἔφη,
"ἢ καὶ ἀκόλουθός σοι ἠκολούθει;" "ἠκολούθει," ἔφη.
15 "πότερον κενός," ἔφη, "ἢ φέρων τι;" "φέρων, νὴ Δί',"
ἔφη, "τά τε στρώματα καὶ τἆλλα σκεύη." "καὶ πῶς
δή," ἔφη, "ἀπήλλαχεν ἐκ τῆς ὁδοῦ;" "ἐμοὶ μὲν δοκεῖ,"
ἔφη, "βέλτιον ἐμοῦ." "τί οὖν;" ἔφη, "εἰ τὸ ἐκείνου
φορτίον ἔδει σε φέρειν, πῶς ἂν οἴει διατεθῆναι;" "κακῶς,
20 νὴ Δί'," ἔφη, "μᾶλλον δὲ οὐδὲ ἂν ἠδυνήθην κομίσαι."
"τὸ οὖν τοσούτῳ ἧττον τοῦ παιδὸς δύνασθαι πονεῖν
δοκεῖ σοι ἀνδρὸς εὖ ἠσκημένου εἶναι;"

(III. 13. 5–6.)

THE DIALOGUES OF PLATO

Plato was so called on account of his broad ($\pi\lambda\alpha\tau\acute{\upsilon}s$) shoulders, and this nickname has been so generally used that we almost forget his proper name, Aristocles. He belonged to an old and wealthy family in Athens, and he lived from 427 to 347 B.C. He was thus contemporary with Xenophon, and grew up, as he did, among the struggles and disasters of the Peloponnesian War; and in early youth he too became the friend and pupil of Socrates. We know very little about the details of his career. After the death of Socrates, 399 B.C., he left Athens and travelled abroad for some time. In the course of his travels he went to Sicily, where the elder Dionysius was then tyrant, and, according to a story on which no great reliance can be placed, he was sold as a slave but was ransomed soon afterwards. In later life he visited the younger Dionysius with the hope, it is said, of persuading him to adopt a more humane and philosophical form of government, but, if this is true, his mission was a failure. He was about forty years old when he began to teach philosophy at Athens, the place chosen for his teaching being a garden and gymnasium adjoining the sacred precinct of the hero Academus, who has consequently given his name to the academic school of philosophy.

Plato has been as fortunate as Xenophon. All his known works have come down to us, and the purity of the text proves the estimation in which they were held from the first. Socrates is the central figure in the Dialogues; he discusses problems of morals or philosophy with a circle of friends. Among these friends Plato does not appear, though the characters belong to real life, some being his near relations.

The *Apology*, from which the first extract is taken, is not a dialogue, though a few questions and answers occur in it, but the defence made by Socrates when he was on his trial. To some extent it must be Plato's composition, but there is no reason to doubt that it contains the substance of the actual speech. The charge against Socrates was that he did not believe in the gods of the State, that he introduced new gods, and that he corrupted the young men of Athens by his teaching; but the chief cause of his condemnation was the unpopularity which he had incurred by cross-examining men of position and influence and exposing their ignorance. Socrates was well aware of this unpopularity, and he explains that he was compelled to incur it because he acted under a mission of the Delphian god, expressly sent from the oracle. The court before which he pleaded was composed of dicasts (δικασταί), a body of 6,000 citizens elected annually; the panel for each case numbered 500.

The *Phaedo* takes its name from a friend of Socrates who was with him in the prison before and at the time of his death. Phaedo recounts to Echecrates not only the conduct and discourse of Socrates during the last hours of his life, but also the actual swallowing and effects of the poison.

The last extract comes from the most famous of the Dialogues, the *Republic*, a consideration of the perfect form of the State. It contains a long discussion of the question,—What is Justice? and at the end of the dialogue Socrates declares that the rewards of the just man in this life are great and certain. To show that rewards are given also after death he tells the story of Er, the son of Armenius, who was killed in battle, and, coming to life again, related his experiences of the other world.

118. *Socrates in his defence explains the cause of his unpopularity.*

Ἐγὼ δὲ ὑμῖν, ὦ ἄνδρες δικασταί, πειράσομαι ἀποδεῖξαι τί ποτ᾽ ἐστὶ τοῦτο δι᾽ ὃ πολλοῖς ἀπηχθόμην. Χαιρεφῶντα ἴστε που οἷος ἦν καὶ ὡς σφοδρός. καὶ δή ποτε καὶ εἰς Δελφοὺς ἐλθὼν ἐτόλμησε τοῦτο μαντεύσασθαι· καὶ μὴ

θορυβεῖτε, ὦ ἄνδρες· ἤρετο γὰρ εἴ τις ἐμοῦ εἴη σοφώτερος.
ἀνεῖλεν οὖν ἡ Πυθία μηδένα σοφώτερον εἶναι. ἀλλὰ ταῦτα
ἐγὼ ἀκούσας ἐνεθυμούμην οὕτως· τί ποτε λέγει ὁ θεός;
ἐγὼ γὰρ οἶδα οὐδαμῶς σοφὸς ὤν. τί οὖν ποτε λέγει,
φάσκων ἐμὲ σοφώτατον εἶναι; οὐ γὰρ δήπου ψεύδεται. 5
καὶ πολὺν μὲν χρόνον ἠπόρουν. ἔπειτα ἦλθον ἐπί τινα
τῶν δοκούντων σοφῶν εἶναι, ὡς ἐνταῦθα ἐλέγξων τὸ
μαντεῖον καὶ ἀποφανῶν τῷ χρησμῷ ὅτι οὗτος ἐμοῦ
σοφώτερός ἐστιν· καὶ διεσκόπουν τοῦτον καὶ διελεγόμην
αὐτῷ· ἔδοξε δέ μοι οὗτος ὁ ἀνὴρ δοκεῖν μὲν εἶναι σοφὸς 10
ἄλλοις τε πολλοῖς ἀνθρώποις καὶ μάλιστα ἑαυτῷ, εἶναι δὲ
οὔ. καὶ ἔπειτα ἐπειρώμην αὐτῷ δεικνύναι ὅτι οἴοιτο μὲν
εἶναι σοφός, εἴη δὲ οὔ. ἐντεῦθεν οὖν τούτῳ τε ἀπηχθόμην
καὶ πολλοῖς τῶν παρόντων. ἀπιὼν δὲ ἐλογιζόμην ὅτι
τούτου τοῦ ἀνθρώπου ἐγὼ σοφώτερός εἰμι· οὐδέτερος γὰρ 15
ἡμῶν οὐδὲν ἀγαθὸν οἶδεν· ἀλλ᾽ οὗτος μὲν οἴεταί τι εἰδέναι
οὐκ εἰδώς, ἐγὼ δέ, ὥσπερ οὐκ οἶδα, οὐδὲ οἴομαι.

(*Apology*, 21 A–D.)

119. *Phaedo explains the delay between the condemnation of Socrates and his death.*

ECHECRATES. Αὐτός, ὦ Φαίδων, παρεγένου Σωκράτει
ἐκείνῃ τῇ ἡμέρᾳ ᾗ τὸ φάρμακον ἔπιεν ἐν τῷ δεσμωτηρίῳ,
ἢ ἄλλου τινὸς ἤκουσας; 20

PHAEDON. Παρῆν αὐτός, ὦ Ἐχέκρατες.

ECHECRATES. Πῶς οὖν ἐτελεύτα ὁ ἀνήρ; ἡδέως γὰρ
ἂν ἀκούσαιμι. καὶ ἐθαυμάζομέν γε ὅτι, πάλαι γενομένης
τῆς δίκης, πολλῷ ὕστερον φαίνεται ἀποθανών. τί οὖν ἦν
τοῦτο, ὦ Φαίδων; 25

PHAEDON. Τύχη τις αὐτῷ, ὦ Ἐχέκρατες, συνέβη·

ἔτυχε γὰρ τῇ προτεραίᾳ τῆς δίκης ἡ πρύμνα ἐστεμμένη
τοῦ πλοίου ὃ εἰς Δῆλον οἱ Ἀθηναῖοι πέμπουσιν.

ECHECRATES.　Τοῦτο δὲ δὴ τί ἐστιν;

PHAEDON.　Τοῦτό ἐστι τὸ πλοῖον, ὥς φασιν Ἀθηναῖοι,
5 ἐν ᾧ Θησεύς ποτε εἰς Κρήτην τοὺς δὶς ἑπτὰ ἐκείνους ᾤχετο
ἄγων, καὶ ἔσωσέ τε καὶ αὐτὸς ἐσώθη. τῷ οὖν Ἀπόλλωνι
εὔξαντο, ὡς λέγεται, εἰ σωθεῖεν, ἑκάστου ἔτους θεωρίαν
ἀπάξειν εἰς Δῆλον· ἣν ἀεὶ καὶ νῦν ἐξ ἐκείνου τῷ θεῷ
πέμπουσιν. ἐπειδὰν οὖν ἄρξωνται τῆς θεωρίας, νόμος
10 ἐστὶν αὐτοῖς ἐν τῷ χρόνῳ τούτῳ καθαρεύειν τὴν πόλιν,
καὶ δημοσίᾳ μηδένα ἀποκτείνειν, πρὶν ἂν εἰς Δῆλον ἀφίκηται
τὸ πλοῖον καὶ πάλιν δεῦρο. τοῦτο δὲ ἐνίοτε ἐν πολλῷ
χρόνῳ γίγνεται, ὅταν ὦσιν ἐναντίοι οἱ ἄνεμοι. ἀρχὴ δέ
ἐστι τῆς θεωρίας, ἐπειδὰν ὁ ἱερεὺς τοῦ Ἀπόλλωνος στέψῃ
15 τὴν πρύμναν τοῦ πλοίου· τοῦτο δὲ ἐποίησε τῇ προτεραίᾳ
τῆς δίκης. διὰ τοῦτο πολὺς χρόνος ἐγένετο τῷ Σωκράτει
ἐν τῷ δεσμωτηρίῳ μεταξὺ τῆς δίκης τε καὶ τοῦ θανάτου.

(*Phaedo*, 57–58 c.)

120. Socrates in prison is visited by his friends.

Ἐγώ σοι πάντα ἐξ ἀρχῆς πειράσομαι διηγήσασθαι·
ἀεὶ γὰρ καθ' ἑκάστην ἡμέραν καὶ ἐγὼ καὶ οἱ ἄλλοι ἐφοι-
20 τῶμεν παρὰ τὸν Σωκράτη, συλλεγόμενοι ἕωθεν ἐς τὸ
δικαστήριον, ἐν ᾧ καὶ ἡ δίκη ἐγένετο· πλησίον γὰρ ἦν τοῦ
δεσμωτηρίου. περιεμένομεν οὖν ἑκάστοτε, ἕως ἀνοιχθείη,
διατρίβοντες μετ' ἀλλήλων· ἀνεῴγετο γὰρ οὐ πρῴ· ἐπειδὴ
δὲ ἀνοιχθείη, εἰσῇμεν παρὰ τὸν Σωκράτη. καὶ δὴ καὶ
25 τότε πρωϊαίτερον ἥκομεν· τῇ γὰρ προτεραίᾳ, ἐπειδὴ
ἐξήλθομεν ἐκ τοῦ δεσμωτηρίου, ἐπυθόμεθα ὅτι τὸ πλοῖον
ἐκ Δήλου ἀφιγμένον εἴη. καὶ ἥκομεν, καὶ ἐξελθὼν ὁ

θυρωρός, " μὴ εἰσέλθητε," ἔφη, " πρὶν ἂν αὐτὸς κελεύσω· οἱ
γὰρ ἕνδεκα λύουσι Σωκράτη καὶ παραγγέλλουσιν ὅπως ἂν
ταύτῃ τῇ ἡμέρᾳ τελευτήσῃ." καὶ οὐ μετὰ πολὺ ἐκέλευσεν
ἡμᾶς εἰσιέναι. εἰσιόντες οὖν ἑωρῶμεν τὸν μὲν Σωκράτη
λελυμένον, τὴν δὲ Ξανθίππην ἔχουσαν τὸ παιδίον αὐτοῦ 5
καὶ παρακαθημένην. ὡς οὖν εἶδεν ἡμᾶς ἡ Ξανθίππη,
ἐβόησε καὶ εἶπεν, " ὦ Σώκρατες, ὕστατόν σε προσεροῦσι
νῦν οἱ φίλοι καὶ σὺ τούτους." καὶ ὁ Σωκράτης, βλέψας
εἰς τὸν Κρίτωνα, " ὦ Κρίτων," ἔφη, " ἀπαγέτω τις αὐτὴν
οἴκαδε." καὶ ἐκείνην ἀπῆγόν τινες βοῶσαν. 10

(*Phaedo*, 59 D–60 A.)

121. He looks forward cheerfully to the state after death.

Τότε δὲ ὁ Σωκράτης, " χαλεπῶς ἂν τοὺς ἄλλους," ἔφη,
" πείσαιμι, ὡς οὐ συμφορὰν ἡγοῦμαι τὴν παροῦσαν τύχην,
εἰ μηδὲ ὑμᾶς δύναμαι πείθειν. καὶ ὑμῖν, ὡς ἔοικε, τῶν
κύκνων δοκῶ φαυλότερος εἶναι τὴν μαντικήν, οἳ ἐπειδὰν
αἴσθωνται ὅτι δεῖ αὐτοὺς ἀποθανεῖν, ᾄδοντες καὶ ἐν τῷ 15
πρόσθεν χρόνῳ, τότε δὴ μάλιστα ᾄδουσι, χαίροντες ὅτι
μέλλουσι παρὰ τὸν θεὸν ἀπιέναι, οὗπερ εἰσὶ θεράποντες.
οὗτοι γάρ, ὡς οἶμαι, προειδότες τὰ ἐν Ἅιδου ἀγαθά,
ᾄδουσι καὶ χαίρουσι μᾶλλον ἢ τὸ πρίν. ἐγὼ δὲ καὶ αὐτὸς
ἡγοῦμαι ὁμόδουλός τε εἶναι τῶν κύκνων καὶ θεραπεύειν τὸν 20
αὐτὸν θεόν, οὐδὲ δύσθυμός εἰμι, μέλλων τελευτήσειν.

(*Phaedo*, 84 E–85 B.)

122. He hears that the time is come for him to drink the poison.

Ἐπεὶ δὲ ἐλούσατο καὶ ἠνέχθη παρ' αὐτὸν τὰ παιδία—
δύο γὰρ αὐτῷ υἱεῖς μικροὶ ἦσαν, εἷς δὲ μέγας—τὰ μὲν

παιδία φιλήσας ἐκέλευσεν ἀπιέναι, αὐτὸς δὲ ἧκε παρ' ἡμᾶς.
καὶ ἦν ἤδη ἐγγὺς ἡλίου δυσμῶν· καὶ ἦλθεν ὁ τῶν ἕνδεκα
ὑπηρέτης, καὶ στὰς παρ' αὐτόν, "ὦ Σώκρατες," ἔφη, "ἄλλοι
ἐμοὶ χαλεπαίνουσι καὶ καταρῶνται, ἐπειδὰν αὐτοῖς παραγ-
5 γέλλω πίνειν τὸ φάρμακον, ἀναγκαζόντων τῶν ἀρχόντων.
σὲ δὲ ἐγὼ ἔγνωκα ἐν τούτῳ τῷ χρόνῳ γενναιότατον καὶ ἄρι-
στον ἄνδρα ὄντα τῶν πώποτε δεῦρο ἀφικομένων· καὶ νῦν εὖ
οἶδα ὅτι οὐκ ἐμοὶ χαλεπαίνεις, γιγνώσκεις γὰρ τοὺς αἰτίους,
ἀλλ' ἐκείνοις. νῦν οὖν, οἶσθα γὰρ ἃ ἦλθον ἀγγέλλων,
10 χαῖρέ τε καὶ πειρῶ ὡς ῥᾷστα φέρειν τὰ ἀναγκαῖα." καὶ
δακρύσας ἀπῄει. καὶ ὁ Σωκράτης βλέψας πρὸς αὐτόν,
"καὶ σύ," ἔφη, "χαῖρε, καὶ ἡμεῖς ταῦτα ποιήσομεν."

123. He refuses to delay.

Καὶ ἅμα πρὸς ἡμᾶς, "ἀλλ' ἄγε δή, ὦ Κρίτων, ἐνεγ-
κάτω τις τὸ φάρμακον, εἰ τέτριπται· εἰ δὲ μή, τριψάτω
15 ὁ ἄνθρωπος." καὶ ὁ Κρίτων, "ἀλλ' οἶμαι," ἔφη, "ἔγωγε,
ὦ Σώκρατες, ἔτι ἥλιον εἶναι ἐπὶ τοῖς ὄρεσι καὶ οὔπω δεδυ-
κέναι. καὶ ἐγὼ οἶδα ἄλλους πάνυ ὀψὲ πίνοντας, ἐπειδὰν
παραγγελθῇ αὐτοῖς, δειπνήσαντας καὶ συγγενομένους τοῖς
φίλοις· μηδὲν οὖν ἐπείγου· ἔτι γὰρ ἐγχωρεῖ." καὶ ὁ
20 Σωκράτης, "εἰκότως γε," ἔφη, "ὦ Κρίτων, ἐκεῖνοί τε
ταῦτα ποιοῦσιν, οἴονται γὰρ κερδανεῖν ταῦτα ποιήσαντες,
καὶ ἔγωγε ταῦτα εἰκότως οὐ ποιήσω· οὐδὲν γὰρ οἶμαι
κερδανεῖν, ὀλίγον ὕστερον πιών."

124. He drinks the poison.

Καὶ ὁ Κρίτων ἀκούσας ἔνευσε τῷ παιδὶ πλησίον ἑστῶτι,
25 καὶ ὁ παῖς ἐξελθὼν ἧκεν ἄγων τὸν μέλλοντα διδόναι τὸ
φάρμακον, ἐν κύλικι φέροντα τετριμμένον. ἰδὼν δὲ ὁ
Σωκράτης τὸν ἄνθρωπον, "ὦ βέλτιστε," ἔφη, "τί χρὴ

ποιεῖν; σὺ γὰρ τούτων ἐπιστήμων εἶ." "οὐδὲν ἄλλο,"
ἔφη, "ἢ πιόντα περιιέναι, ἕως ἄν σοι βάρος ἐν τοῖς σκέλεσι
γένηται, ἔπειτα κατακεῖσθαι." καὶ ἅμα ὤρεξε τὴν κύλικα.
καὶ λαβὼν ὁ Σωκράτης, "τι λέγεις ;" ἔφη, "ἔξεστιν
ἀποσπένδειν, ἢ οὔ ;" "τοσοῦτον," ἔφη, "ὦ Σώκρατες, 5
τρίβομεν, ὅσον οἰόμεθα μέτριον εἶναι πιεῖν." ὁ δέ,
"μανθάνω," ἔφη, "ἀλλ' εὔχεσθαι τοῖς θεοῖς ἔξεστί τε
καὶ χρή, τὴν μετοίκησιν τὴν ἐνθένδε ἐκεῖσε εὐτυχῆ γενέ-
σθαι. ἃ δὴ ἐγὼ εὔχομαι, καὶ οὕτω γένοιτο." καὶ εἰπὼν
ταῦτα, ἐξέπιε· καὶ ἡμῶν οἱ πολλοὶ τέως μὲν ἐδύναντο 10
κατέχειν τὰ δάκρυα, ὡς δὲ εἴδομεν αὐτὸν πίνοντά τε καὶ
πεπωκότα, οὐκέτι· ἀλλ' ἐμοῦ γε βίᾳ ἀστακτὶ ἐχώρει τὰ
δάκρυα, ὥστε ἐγκαλυψάμενος ἔκλαιον, ὁ δὲ Κρίτων ἔτι
πρότερος ἐμοῦ. Σωκράτης δέ, "οἷα," ἔφη, "ποιεῖτε,
ὦ θαυμάσιοι. ἐγὼ μέντοι οὐχ ἥκιστα τούτου ἕνεκα τὰς 15
γυναῖκας ἀπέπεμψα ἵνα μὴ τοιαῦτα πλημμελοῖεν. ἀκήκοα
γὰρ ὅτι ἐν εὐφημίᾳ χρὴ τελευτᾶν· ἀλλ' ἡσυχίαν τε ἄγετε
καὶ καρτερεῖτε."

125. His death.

Καὶ ἡμεῖς μὲν ἀκούσαντες ᾐσχύνθημεν. ὁ δὲ περιελθών,
ἐπειδή οἱ βαρύνεσθαι ἔφη τὰ σκέλη, κατεκλίθη ὕπτιος· 20
οὕτω γὰρ ἐκέλευεν ὁ ἄνθρωπος. καὶ οὐ μετὰ πολὺ εἶπεν
ὃ δὴ τελευταῖον ἐφθέγξατο, "ὦ Κρίτων," ἔφη, "τῷ
Ἀσκληπιῷ ὀφείλομεν ἀλεκτρυόνα· ἀλλ' ἀπόδοτε καὶ μὴ
ἀμελήσητε." "ἀλλὰ ταῦτα," ἔφη, "ἔσται," ὁ Κρίτων.
καὶ δι' ὀλίγου ἐτελεύτησεν· ἰδὼν δὲ ὁ Κρίτων συνέλαβε τὸ 25
στόμα καὶ τοὺς ὀφθαλμούς. ἥδε ἡ τελευτὴ τοῦ ἑταίρου
ἡμῖν ἐγένετο, ἀνδρὸς ἀρίστου καὶ φρονιμωτάτου καὶ
δικαιοτάτου.

(*Phaedo*, 116 B–118.)

126. *The story of Er and his journey to the other world.*

He sees a gap in the earth and a corresponding gap in the heaven above, by which the souls, lately arrived from life, are departing when sentence has been passed upon them, and two similar gaps by which other souls are returning.

Ἀλλὰ περὶ ἀλκίμου ἀνδρός, Ἡρὸς τοῦ Ἀρμενίου, διέξειμι, ὃς ἐν πολέμῳ τελευτήσας μετὰ δέκα ἡμέρας ὑγιὴς ἀνῃρέθη, κομισθεὶς δὲ οἴκαδε ἔμελλε θάπτεσθαι· ὁ δέ, ἐπὶ τῇ πυρᾷ κείμενος, ἀνεβίω, ἀναβιοὺς δὲ ἔλεγε πάντα τὰ
5 ἐκεῖ γενόμενα. ἐπειδή, ἔφη, ἡ ἐμὴ ψυχὴ ἐξέβη, ἐπορευόμην μετὰ πολλῶν καὶ ἀφικόμην εἰς τόπον τινὰ δαιμόνιον, ἐν ᾧ τῆς τε γῆς δύο ἦν χάσματα καὶ τοῦ οὐρανοῦ ἐν τῷ ἄνω δύο. δικασταὶ δὲ μεταξὺ τούτων ἐκάθηντο, οἳ διαδικάσαντες τοὺς μὲν δικαίους ἐκέλευσαν πορεύεσθαι τὴν
10 ὁδὸν τὴν εἰς δεξιάν τε καὶ ἄνω διὰ τοῦ οὐρανοῦ, τοὺς δὲ ἀδίκους τὴν εἰς ἀριστεράν τε καὶ κάτω. ἰδόντες δὲ ἐμὲ προσιόντα εἶπον ὅτι δέοι ἄγγελον ἀνθρώποις γενέσθαι περὶ τῶν ἐκεῖ καὶ ἀκούειν τε καὶ θεᾶσθαι πάντα τὰ ἐν τῷ τόπῳ. εἶδον οὖν τὰς ψυχὰς ἀπιούσας καθ᾽ ἑκάτερον τὸ
15 χάσμα τοῦ τε οὐρανοῦ καὶ τῆς γῆς, ἐπεὶ διεδίκασαν οἱ δικασταί, ὡσαύτως δὲ τὰς μὲν ἀνιούσας ἐκ τῆς γῆς μεστὰς αὐχμοῦ τε καὶ κόνεως, τὰς δὲ καταβαινούσας ἐκ τοῦ οὐρανοῦ καθαράς.

127. *The period of mourning below the earth, as that of happiness in heaven, lasts a thousand years. Terrible punishment for special crims.*

Ἐδόκουν δὲ ἐμοὶ αἱ ψυχαὶ ὥσπερ ἐκ πολλῆς πορείας
20 ἥκειν καὶ ἅσμεναι εἰς τὸν λειμῶνα ἀπιέναι καὶ ἀσπάζεσθαι ἀλλήλας. ἐπυνθάνοντο δὲ αἵ τε ἐκ τῆς γῆς ἥκουσαι τὰ

ἐν τῷ οὐρανῷ, καὶ αἱ ἐκ τοῦ οὐρανοῦ τὰ παρ' ἐκείναις ὑπὸ
τῆς γῆς. καὶ αἱ μὲν ὠδύροντο καὶ ἔκλαιον ἀναμιμνησκό-
μεναι ὅσα ἔπαθόν τε καὶ εἶδον ἐν τῇ ὑπὸ γῆς πορείᾳ—ἡ
δὲ πορεία ἐστὶ χιλιετής—αἱ δὲ αὖ ἐκ τοῦ οὐρανοῦ
εὐπαθείας διηγοῦντο καὶ θέας καλλίστας. ὅσα γὰρ 5
ἠδίκησεν ἕκαστος ἐν τῷ βίῳ, ὑπὲρ ἁπάντων ἔδει δίκην
δοῦναι δεκάκις· ὅσοι δὲ δίκαιοι καὶ ὅσιοι ἦσαν, κατὰ τὰ
αὐτὰ τὴν ἀξίαν ἐκομίζοντο. τῆς δὲ εἰς θεοὺς καὶ γονέας
ἀσεβείας ἔτι μείζους ἐγένοντο οἱ μισθοί. παρεγενόμην
γὰρ ἐρωτωμένῳ ἑτέρῳ ὑπὸ ἑτέρου, ὅπου εἴη Ἀρδιαῖος ὁ 10
μέγας — οὗτος δὲ γέροντα πατέρα ἀπέκτεινε καὶ πρε-
σβύτερον ἀδελφόν—ὁ δὲ ἐρωτώμενος, " οὐχ ἥκει," ἔφη,
" οὐδὲ ἥξει δεῦρο· ἐπειδὴ γὰρ ἐγγὺς τοῦ στομίου ἦμεν,
ἐκεῖνόν τε καὶ ἄλλους εἴδομεν, ὧν οἱ πλεῖστοι ἦσαν
τύραννοι· τούτους οὖν οὐκ ἐδέχετο τὸ στόμιον ἀλλ' 15
ἐμυκᾶτο, ὁπότε τις, μὴ ἱκανῶς δεδωκὼς δίκην, ἐπιχειροίη
ἀνιέναι. ἐνταῦθα δὴ ἄνδρες ἄγριοι παρεγένοντο, τὸν δὲ
Ἀρδιαῖον καὶ τοὺς ἄλλους συμποδίσαντες καὶ ἐκδείραντες
εἷλκον παρὰ τὴν ὁδὸν ἵνα ἐπ' ἀσπαλάθων κνάπτοιεν
αὐτούς, καὶ τοῖς ἀεὶ παριοῦσιν ἐσήμαινον ὧν ἕνεκα οὕτως 20
ἐκολάζοντο· ἡμεῖς δὲ αὐτοὶ ἀναβαίνοντες μάλα ἐφοβούμεθα
μὴ τὸ στόμιον μυκῷτο, καὶ σιγήσαντος ἀσμενέστατα
ἀνέβημεν." τοιαῦται μὲν ἦσαν αἱ τιμωρίαι, αἱ δὲ εὐεργεσίαι
ἀντίστροφοι.

128. *After this period the souls come before Lachesis to choose
a plan of life in an order decided by lot.*

Ἐπεὶ δὲ διήγαγον ἑπτὰ ἡμέρας ἐν τῷ λειμῶνι, ἐντεῦθεν 25
ἀναστάντες τῇ ὀγδόῃ ἐπορεύοντο, καὶ μεθ' ἡμέρας τέτ-
ταρας ἀφίκοντο ὅθεν εἶδον ἄνωθεν φῶς εὐθύ, οἷον κίονα,

μάλιστα τῇ ἴριδι προσφερές, λαμπρότερον δὲ καὶ καθα-
ρώτερον, ὅπερ διὰ παντὸς τοῦ οὐρανοῦ καὶ τῆς γῆς
τέταται. ἐνταῦθα δὲ ἦσαν τρεῖς Μοῖραι, στέμματα ἐπὶ
τῶν κεφαλῶν ἔχουσαι, Λάχεσίς τε καὶ Κλωθὼ καὶ
5 Ἄτροπος. Λάχεσις μὲν ὑμνεῖ τὰ γεγονότα, Κλωθὼ δὲ τὰ
ὄντα, Ἄτροπος δὲ τὰ μέλλοντα. τότε δὲ ἔδει τὰς ψυχὰς
ἰέναι πρὸς τὴν Λάχεσιν. προφήτης οὖν τις αὐτὰς ἔταξεν,
ἔπειτα λαβὼν ἐκ τῶν τῆς Λαχέσεως γονάτων κλήρους τε
καὶ βίων παραδείγματα, ἀναβὰς ἐπί τι βῆμα ὑψηλὸν
10 εἶπεν· "Ἀνάγκης θυγάτηρ Λάχεσις λέγει τάδε· ψυχαὶ
ἐφήμεροι, πάρεστιν ἀρχὴ ἄλλης περιόδου θνητοῦ γένους.
οὐχ ὑμᾶς δαίμων λήξεται, ἀλλ᾽ ὑμεῖς δαίμονα αἱρήσεσθε.
πρῶτος δὲ ὁ λαχὼν πρῶτος αἱρείσθω βίον· ὁ δὲ τιμῶν
τὴν ἀρετὴν πλέον αὐτῆς ἕξει, ὁ δὲ ἀτιμάζων ἔλαττον.
15 αἰτία ἐστὶν ἑλομένῳ· θεὸς ἀναίτιος." ταῦτα εἰπὼν
ἔρριψε τοὺς κλήρους, τὸν δὲ παρ᾽ αὐτὸν πεσόντα ἕκαστος
ἀνείλετο· τῷ δὲ ἀνελομένῳ δῆλον ἦν ὁπόστος εἰλήχει.
μετὰ δὲ τοῦτο τὰ τῶν βίων παραδείγματα ἔθηκεν ἐπὶ τὴν
γῆν, πολὺ πλείω τῶν παρόντων· ἦν δὲ παντοδαπά· ζῴων
20 γὰρ πάντων ἦσαν βίοι, ἐν οἷς καὶ ἀνθρώπινοι ἅπαντες.

129. *Er sees the souls make their choice and pass on to their
new birth.*

Ὁ δὲ πρῶτος λαχὼν εἵλετο εὐθὺς τὴν μεγίστην τυραν-
νίδα, οὐ πάντα ἱκανῶς σκεψάμενος· ἔπειτα, ὡς κατὰ
σχολὴν ἐσκέψατο, εὑρὼν παίδων αὐτοῦ βρώσεις καὶ ἄλλα
κακά, ἐκόπτετό τε καὶ ὠδύρετο τὴν αἵρεσιν, τοῖς ὑπὸ τοῦ
25 προφήτου προρρηθεῖσιν οὐκ ἐμμένων, οὐ γὰρ ἑαυτόν, ὡς
ἔδει, ἀλλὰ τύχην ᾐτιᾶτο. οἱ δὲ πολλοὶ εἵλοντο κατὰ
τὴν τοῦ προτέρου βίου συνήθειαν. ἡ γὰρ Ὀρφέως ψυχὴ

εἵλετο κύκνου βίον, τὴν δὲ τοῦ γελωτοποιοῦ Θερσίτου
πίθηκον εἶδον ἐνδυομένην· καὶ ἡ Ἀταλάντης ψυχή, ἰδοῦσα
μεγάλας τιμὰς ἀθλητοῦ ἀνδρός, οὐκ ἐδύνατο παρελθεῖν,
ἀλλ' ἔλαβεν. τέλος δὲ ἡ Ὀδυσσέως πασῶν ὑστάτη
προσῆλθε, μνήμη δὲ τῶν προτέρων πόνων, χρόνον πολὺν 5
περιοῦσα, ἐζήτει βίον ἀνδρὸς ἰδιώτου ἀπράγμονος, καὶ
μόγις εὗρε παρημελημένον ὑπὸ τῶν ἄλλων, καὶ ἀσμένη
εἵλετο. ἐπειδὴ δὲ οὖν πᾶσαι αἱ ψυχαὶ τοὺς βίους ᾕρηντο,
προσῆλθον πρὸς τὴν Λάχεσιν· ἡ δὲ συνέπεμψεν ἑκάστῃ
δαίμονα ὃν εἵλετο ὥστε φύλακα εἶναι τοῦ βίου. ἐπεὶ δὲ 10
ἡ Κλωθὼ καὶ ἡ Ἄτροπος ἐκύρωσαν τὴν αἵρεσιν, πᾶσαι ἦσαν
ὑπὸ τὸν τῆς Ἀνάγκης θρόνον, καὶ δι' ἐκείνου διελθοῦσαι
τέλος ἐπορεύοντο εἰς τὸ τῆς Λήθης πεδίον, καὶ ἑσπέρας
ἤδη γιγνομένης ἀφίκοντο παρὰ τὸν Ἀμέλητα ποταμόν.
μέτρον μὲν οὖν τοῦ ὕδατος πᾶσιν ἀναγκαῖον ἦν πιεῖν. ὁ 15
δὲ ἀεὶ πιὼν πάντων ἐπιλανθάνεται. τότε δὲ βροντή τε
καὶ σεισμὸς ἐγένοντο, καὶ ἐντεῦθεν ἄλλος ἄλλῃ ἐφέρετο
εἰς τὴν γένεσιν. ἐγὼ δὲ τοῦ μὲν ὕδατος ἐκωλύθην πιεῖν·
οὐ μέντοι οἶδα ὅπη καὶ ὅπως εἰς τὸ σῶμα ἀφικόμην, ἀλλ'
ἐξαίφνης ἀναβλέψας εἶδον ἕωθεν ἐμαυτὸν κείμενον ἐπὶ τῇ 20
πυρᾷ.

(*Republic*, 614 B–621 B.)

NOTES

PAGE 1. 2. ἀπῆσαν: 3rd plur. imperf. of ἄπειμι (go away).

4. χρήσιμος εἶναι, 'that he was useful'; nominative, because the subject of εἶναι is the same as that of the principal verb. When this is so, the pronoun is omitted unless it is emphatic. νυκτός, 'in the night'.

7. γάμους ἑστιᾶν, 'give a marriage feast'. γάμους: cogn. acc.

10. τῆς δὲ εἰπούσης, 'and when she said'. τῆς is a pronoun, as all parts of ὁ may be with μέν or δέ.

PAGE 2. 2. γάρ: introduced to explain the previous sentence, as often. It should be omitted in translation.

4. δὶς καὶ τρίς, 'two or three times'.

5. συνέβη, 'it happened'; aor. of συμβαίνω, used impersonally.

8. ὑπολαβόντες, 'supposing'.

9. ἀπολέσαι, 'lost'.

10. πεσοῦσα: nom. fem. sing. aor. part. of πίπτω.

12. εἴη: opt. in indirect question after historic tense, as just below in indirect statement. ἐπῄνει: 3rd sing. imperf. of ἐπαινέω.

16. ἐπινενοηκέναι, 'that she had devised'.

18. καὶ σέ, 'you also'. ἀναβιβῶ: fut. indic. act. of ἀναβιβάζω.

20. ὡς . . . προδιδούσῃ, 'on the ground that she was betraying'.

21. ἄν: marking the apodosis.

23. γάρ: a coordinate conjunction often used to introduce a reason *before* the principal sentence. If we keep the same order of the sentences, we must use a subordinate conjunction, e.g. 'as'.

25. πολὺν . . . χρόνον: acc. of duration of time.

PAGE 3. 1. ἀφῆκεν: aor. indic. act. of ἀφίημι.

2. ἰδόντες: partic. of εἶδον, aor. of ὁράω.

6. κατά, 'off'.

8. περιτραπείσης : gen. fem. sing. aor. part. pass. of περι-
τρέπω.   ἔνει : imperf. act. of νέω.

12. τὸ γένος, 'by nationality'; adverbial acc.

20. ἐφιέμενον, 'fond of'.

21. ἀναλωθέντα: aor. part. pass. of ἀναλίσκω.

23. πρός, 'for'.

27. κατεκλείσθην: aor. indic. pass. of κατακλείω.

PAGE 4. 4. ἀνεῖλε : aor. indic. act. of ἀναιρέω.

5. οὐδέν, 'in no way'; adverb.

14. ὑπολαβών, 'replying'.

15. ἥτις ... οὐκ ἐᾷ, 'inasmuch as it forbids', not 'who
forbids'.

PAGE 5. 4. ἐν τῇ ἀγορᾷ, 'in the market-place'; not merely
a place for buying and selling, or for holding assemblies,
but a centre of general resort.

6. αὐτοῦ, 'the great man'.

7. ἀκούοντα, 'in his hearing'.

14. ὁμοίαν, 'like'.

15. ἀποστείλαντος, &c.   Some one has given a dinner after
a sacrifice and has sent to the Grumbler and other friends who
were not present a portion of the flesh.   The Grumbler, not
unnaturally, would have preferred an invitation to the dinner.

18. ὕστερον, 'too late'.

22. ἄπεστιν, 'is lost to me'.

24. πευσόμενον, 'to ask'; fut. partic. of πυνθάνομαι.
πόσου, 'at what price'.

PAGE 6. 3. σεσήμανται: 3rd sing. perf. indic. pass. of σημαίνω.

5. ἐμβέβληται, 'has been put on', lit. 'thrust in'; 3rd
sing. perf. indic. pass. of ἐμβάλλω.   φῇ, 'says yes'.

9. μαρτύρων, 'witnesses' to the debt.

12. ἀποδρᾷ: 3rd sing. aor. subj. of ἀποδιδράσκω, a peculiar
form.

14. ἔχεις, 'are you able?'

15. μή : interrogative.

17. ἀκήκοας: 2nd sing. perf. indic. act. of ἀκούω.

21. Πολυσπέρχων.   This man was regent of Macedonia
and guardian of the young king, son of Alexander the Great.
Casander, disappointed of the regency, attacked Polysperchon
and captured the king.   The news has not yet reached Athens.
As the Athenians supported Casander, the Newsmaker naturally
invents a story of his defeat.

25. πολὺς ὁ ζωμὸς γέγονεν, 'the hash is terrible', a slang phrase

28. προσδεδράμηκε: perf. of προστρέχω.

PAGE **7. 7.** ἀπαγορεύοντος ... μὴ δοῦναι, 'forbidding to give'.

9. διάπειραν λαμβάνειν, 'make an experiment'.

10. γυναικός, 'a woman', not 'his wife'.

17. μεγάλῃ τῇ φωνῇ, 'in a loud voice', i.e. with his voice raised. Notice the order. τῇ μεγάλῃ φωνῇ would mean 'with his loud voice'.

26. πόσου: cf. p. 5. 24. βαλανείῳ: i.e. a public bath.

PAGE **8. 2.** κατ' ἀδίκων, 'against evil-doers'.

PAGE **9. 3.** ἐπὶ τοῦ Δευκαλίωνος, 'in the time of Deucalion'.

4. προσόκειλαν: nom. neut. sing. aor. partic. act. of προσοκέλλω.

9. πρὸς τὰ ἐμά, 'at my condition'.

10. ἐκχέας: aor. partic. act. of ἐκχέω.

11. οὐδέ, 'not even'.

18. καθ' ἡμῶν, 'against us'.

20. εἱστία: 3rd sing. imperf. act. of ἑστιάω.

21. ἑορτάζειν τὰ Διάσια, 'to celebrate the Diasia', i.e. the festival of Zeus. Διάσια: cogn. acc.

23. φεῦ τῆς ἀλλαγῆς, 'alas for the change!' A common use of the gen. in exclamations.

24. τί παθών, τοιοῦτός ἐστιν; 'what has brought him to such a pass?' lit. 'having suffered what is he in such condition?'

PAGE **10. 5.** ἐπιλελησμένοι: perf. partic. pass. of ἐπιλανθάνομαι.

13. κατέαξα: aor. indic. act. of κατάγνυμι.

14. μηδὲ εἶναι ἡμᾶς τοὺς θεούς, 'that we gods do not so much as exist'. Infin. negatived by μή.

15. συνετρίβη: aor. indic. pass. of συντρίβω.

20. καὶ ταῦτα, 'and that too'.

PAGE **11. 6.** τῶν ὀνείρων, 'than dreams'; gen. after comparative.

9. πενία, πόνος, σοφία, ἀνδρεία, and τρυφή below: qualities personified. See Vocabulary.

14. διεφθαρμένον ὑπὸ τῆς Τρυφῆς, 'when he was ruined by luxury'.

17. εἴσεται ἀπολιπών, 'shall know that he has forsaken'. Verbs of seeing, knowing, remembering, &c., are followed by a participle instead of the infin.

19. τὸ σῶμα ... τὴν γνώμην: accusatives of respect.

PAGE **12**. 12. μηδενός μοι πλησιάζοντος, 'if no one comes near me'.　μή, not οὐ, because a condition is implied.

16. ὑπὲρ τὴν Αἴτνην, 'over Etna', to send the Cyclopes to Zeus. See p. 10. 27.

22. ἀκούσειε: opt. in a suboblique clause after an historic tense.

PAGE **13**. 2. καὶ τὰ ἐν Δελφοῖς ἀναθήματα, 'and offerings of yours at Delphi'. Croesus, the rich king of Lydia, made great offerings at Delphi (p. 21. 20) when he consulted the oracle about the invasion of Persia; ingots of gold, bowls and jars of gold and silver, and a golden lion, weighing ten talents, besides other things.

3. πρός, 'compared with'.

5. τῷ Πανὶ ἀναθήσω, 'I will dedicate to Pan', the guardian deity of agriculture; just as a soldier or a gladiator would dedicate his arms, when he left off fighting.

8. εἰς τὸ λοιπόν, 'for the future'.

13. ὁ πρῴην ἔρανον αἰτήσαντί μοι τὸν βρόχον ὀρέξας, 'who the day before yesterday, when I asked him for a loan, presented me with the noose'; as a suggestion that he might hang himself. Timon had brought this upon himself, if it is true that he once said in public, 'I have in my yard a fig-tree on which many worthy citizens have hanged themselves. As I am going to cut it down, any who wish to use it must do so at once.'

27. ἔλαβεν, 'got', as a reward for his absurd compliment.

PAGE **14**. 3. φεῦ τῆς ἀναισχυντίας. Cf. p. 9. 23.

6. καθ' ὁδόν, 'on the way'.

11. κατέαγα: perf. indic. of κατάγνυμι, act. in form but pass. in sense.

14. ἐπί, 'after'.

16. γαμῶ: future.

17. καλῶ: present.

28. ὑμεῖς: sc. ἄπιτε.

PAGE **16**. 3. ἐπί, 'on'.　ἐξηνέχθη: 3rd sing. aor. indic. pass. of ἐκφέρω.　ἐπί, 'to'.

5. πολὺν . . . χρόνον: acc. of duration of time.

14. δοκοίη: opt. in suboblique clause.

15. ὑπέσχετο: aor. indic. mid. of ὑπισχνέομαι.

16. εἰ, 'that'; the usual meaning after verbs of feeling.

27. κληθέντας: aor. partic. pass. of καλέω.

PAGE **17**. 1. καταλίποιεν, 'that they had left him'.

2. **ἐπεφάνη** : 3rd sing. aor. indic. pass. of ἐπιφαίνω.

13. **χρόνου δὲ περιιόντος**, 'but when time came round', i.e. 'in due time'.

15. **ἐξεῖναι** : infin. of the impersonal ἔξεστι.

18. **ἔσονται**, 'they would be'; indicative, as often, though the indirect statement follows an historic tense.

20. **νυκτός** : cf. p. 1. 4.

24. **δι' αἰτίας ἔχοι**, 'he should blame'.   σῶα : neut. plur. of σῶς.

PAGE **18**. 3. **τάδε**, 'this' that follows; the ordinary meaning of ὅδε as opposed to οὗτος.

6. **ἐνείχετο**, 'he was caught'; imperf. pass. of ἐνέχω.

8. **καὶ ἐκεῖνον**, 'him also'.

10. **ἀπῄει** : imperf. of ἄπειμι (go away).   ἐπ' οἴκου, 'homewards'.

13, 14. **ὄν . . . ἔχον** : not εἶναι and ἔχειν, because they follow ὁρῶν. Cf. p. 11. 17.

18. **οὕτως ἔχοντα**, 'in this condition', lit. 'being thus'; a very common use of ἔχω with adverbs.

19. **δηλώσει** : for the indic. cf. ἔσονται, p. 17. 18.

20. **οὐκ ἔπειθεν αὐτήν** : i.e. to change her mind.

24. **ὅ,τι** : neut. acc. sing. of ὅστις.

25. **πολὺν ῥέοντα τὸν οἶνον**, 'that the wine was flowing fast'. πολύν is part of the predicate, as it stands outside the article and noun.

PAGE **19**. 4. **ἐξήλασεν** : aor. indic. act. of ἐξελαύνω.

9. **ἐπὶ λύμῃ**, 'for an insult'.

13. **ἐλθόντι**, 'to him if he would come'.

19. **γυναῖκα**, 'as his wife'.

22. **ὡς . . . προέχων**, 'on the ground that he excelled'.

25. **ἔτυχε . . . πιών**, 'he happened to have drunk', or 'he had drunk at the time', for the phrase does not convey any idea of accident. This use of the participle with τυγχάνω is regular and common.

PAGE **20**. 2. **οὐ μετὰ πολύ**, 'not long afterwards'.

9. **ἀπωρχήσω** : 2nd sing. aor. indic. mid. of ἀπορχέομαι.

18, 19. **ἐποίουν . . . ποιοῦσιν** : the tenses actually used by Cambyses are retained in the indirect question; we should say 'had done' and 'were doing'.

PAGE **21**. 9. **ἐπ' ἐμοί**, 'at me'.

11. **Αἰγυπτίων τῶν ἄλλων** : partitive gen. after ὃν ἂν λάβωσιν, 'any one whom they caught'.

12. πεπληγμένος : perf. partic. pass. of πλήσσω.

13. ἐκ, 'in consequence of'.

15. ἐμάνη : aor. pass. of μαίνομαι.

16. τὰς φρένας ὑγιαίνων, 'healthy in his mind'; i.e. 'sane'.

17. Κροῖσος : the last king of Lydia, who reigned from 560 to 546 B.C., when Sardis was taken by Cyrus.

22. ἐχρῶντο, 'they consulted'.

PAGE 22. 6. οἷ : reflexive pronoun ; see οἷ in Vocabulary.

8. ἀνεῖλεν : not merely 'answered', as often, but 'warned by his answer' : aor. indic. act. of ἀναιρέω.

12. τοὺς αὐτῷ ἐπιγενησομένους, 'his successors'; accusative, because, unlike αὐτός, it does not refer to the subject of οἰόμενος.

20. ἀκηκοότες : nom. masc. plur. perf. partic. act. of ἀκούω.

27. δίκην λαβεῖν παρὰ Κύρου ὑπὲρ Ἀστυάγους, 'to punish (exact a penalty from) Cyrus on behalf of Astyages'. Astyages had married a sister of Croesus. He was dethroned by Cyrus, son of his daughter Mandane and Cambyses, a Persian, 559 B.C. Thus the Persian monarchy was founded by Cyrus.

PAGE 23. 7. οὐδέτεροι νικήσαντες, 'neither having conquered', in app. to the subject of διέστησαν.

13. ἦρι : dat. of ἔαρ.

16. διασκεδᾶν : fut. infin. act. of διασκεδάννυμι.

18. αὐτὸς ἄγγελος ... ἐφάνη, 'brought news of his own arrival'; i.e. his arrival was the first warning of his attack.

22. ἀφ' ἵππων, 'on horseback'. Latin ex equis.

25. τὴν ἵππον, 'the cavalry'. The word is fem. in the collective sense.

26. τοιόνδε : referring, as usual, to what follows.

PAGE 24. 7. ὀσμήν : cognate acc.

15. ἑάλωσαν : 3rd plur. aor. indic. of ἁλίσκομαι.

17. τῷ πρώτῳ ἐπιβάντι τοῦ τείχους, 'to the man who first set foot on the wall'. There is little difference below between προσβαίνειν and ἀναβαίνειν. Perhaps 'scale' and 'get up' may give it.

20. καθεστηκυίας, 'had been set'; perf. part. act. of καθίστημι.

25. ἐπί, 'to fetch'.

PAGE 25. 2. ὡς ἀποκτενῶν, 'intending to kill him'.

4. τὰ μὲν ἄλλα, 'in all other respects', contrasted, as ἄλλος often is, with what follows.

6. ὑπὸ δέους, 'from fear'. ἔρρηξε τὴν φωνήν, 'broke loose his voice', i.e. spoke with a great effort.

9. ἔσχον, 'got', 'took'.

16. ἑστώς, 'standing', perf. partic. act. of ἵστημι.

25. οὐδέν τι μᾶλλον ἐς ἐμὲ λέγων, 'saying it no more with regard to me'.

PAGE 26. 2. ἡμμένης: perf. partic. pass. of ἅπτω.   τὰ ἔσχατα, 'the outside'.

3. μετέγνω: 3rd sing. aor. indic. act. of μεταγιγνώσκω.

7. ἑώρα: imperf. act. of ὁράω.

11. συνέδραμεν: aor. indic. of συντρέχω.

18. ἐπάρας: nom. sing. masc. aor. partic. act. of ἐπαίρω.

23. ἄλλα τε πολλὰ ἐχαρίσατο αὐτῷ, 'showed kindness to him in many other ways'.   ἄλλα, as usual, being contrasted with the following ὑπέσχετο, &c.

PAGE 27. 5. ἐξέστω: imperat. of ἔξεστι.

6. ταῦτα τῷ θεῷ ὀνειδίσαι, 'to reproach the god for this'.

8. οὗ ἂν ἑκάστοτε δέῃ, 'that you may want at any time'.

10. εἰ οὐκ ἐπαισχύνεται, 'if he was not ashamed'.   οὐκ, not μή, because it is an indirect question, not a supposition.

14. ἐντεταλμένα: perf. partic. pass. of ἐντέλλω.

16. καὶ θεῷ, 'even for a god'.   τῆς τοῦ προγόνου ἁμαρτίας, 'for the crime of his ancestor', Gyges, who founded the dynasty of which Croesus was the last representative.   He killed Candaules and made himself king.

18. ἔσχε, 'got'.

19. ἐπὶ τῶν παίδων, 'in the time of the children'.

22. τρία ἔτη : acc. of duration of time.

PAGE 28. 4. συνῆκε, 'understood', aor. indic. of συνίημι.

7. μητρός, &c. See 22. 27.

PAGE 29. 2. τοὺς μὴ αὐτῷ δόντας, 'such as had not given him'; the negative is μή, because a class, not a set of individuals, is meant.

6. τὰ ἀνδράποδα, 'the slaves', as Darius in his pride already calls the inhabitants of these places.

12. διὰ τοῦ Ἰκαρίου πελάγους : i.e. straight across the Aegean instead of along the coast, as was the custom before the invention of the compass.

18. οὐκ εἴα, 'forbade': imperf. of ἐάω.

20. ἵνα, 'where'.

23. οἱ δύο θεοί: Apollo and Artemis.

25. τὰ ὑμέτερα, 'your homes'.

PAGE 30. 1. ἐπί, ʻfor'.

6. κατά, ʻoff'.

15. πόλει ἀξιολόγῳ, ʻby a city of importance'; qualifying ἀσθενεστέρα.

17. ἀδύνατα ἦν, ʻit was impossible.' The neut. plur. of adjectives is common in impersonal expressions.

20. ἐγίγνοντο δίχα, ʻwere equally divided'; five of the ten being on each side. The casting vote belonged to the Archon called Πολέμαρχος, the ʻleader in war', as his name implies. Miltiades persuades him to vote for fighting at once.

PAGE 31. 4. πείσονται: fut. of πάσχω. Ἱππίᾳ. Hippias, once tyrant at Athens, had been banished twenty years before. He hoped to be restored by the Persians.

9. ἡ πρυτανεία τῆς ἡμέρας, ʻthe chief command for the day', which the generals held in turn.

13. αἱ φυλαί: i.e. the fighting men of the ten tribes, drawn up in separate divisions. ἐχόμεναι, ʻclose to '.

18. τὸ στρατόπεδον, &c., ʻtheir line was being made equal in length to the Persian line.' To prevent the enemy from outflanking him, Miltiades extended his wings as far as some swamps, which covered them. This compelled him to weaken his centre.

20. ἐπ' ἀσπίδων ὀλίγων, ʻon (the basis of) a few shields', or ʻfew deep'; the word ʻshield' being used for the hoplite who carried it, as we talk of so many ʻbayonets' or ʻsabres'.

23. ἵεντο, ʻcharged'.

26. ὡς δεξόμενοι, ʻto meet the charge'.

PAGE 32. 6. δρόμῳ... ἐχρήσαντο, ʻadvanced at full speed', lit. ʻused full speed'.

7. ἠνέσχοντο: aor. indic. mid. of ἀνέχω.

12. ἐν ᾧ, ʻfor there '.

15. τετραμμένους: perf. partic. pass. of τρέπω.

23. ἀποκοπείς: aor. partic. pass. of ἀποκόπτω.

25. ἀνακρουσάμενοι, ʻhaving backed water ' is the ordinary sense; but as one at least of the ships had its stern towards the shore, the word may mean merely ʻrowed off'.

27. βουλόμενοι φθῆναι τοὺς Ἀθηναίους εἰς τὴν πόλιν ἀφικόμενοι, ʻwishing to get to the city before the Athenians', lit. ʻto anticipate the Athenians in having come '; a common use of φθάνω and the participle.

PAGE 35. 1. τὰ πολλά, ʻthe greater part '.

5. νεωστί: after the battle of Mycale, 479 B.C.

7. ἐν τούτῳ, 'meanwhile'.

13, 14. τῷ μὲν λόγῳ ... τῷ δὲ ἔργῳ, 'on the pretence of'...
'in reality'. Thucydides is never tired of marking a contrast
by these phrases.

15. ὥσπερ καὶ τὸ πρῶτον ἐπεχείρησεν, 'as he had attempted
on the first occasion too'.

19. μετά, 'in concert with'.

21. ἐπιστολήν. This letter and the answer can hardly be
copies of the originals, but there is no reason to doubt that, in
form and substance, they represent accurately enough what
was written.

25. δορὶ ἑλών, 'the captives of his spear'.   γνώμην ποιοῦ-
μαι, 'I am minded.'   Note the change from the third person
to the first.

PAGE 36. 4. θάλασσαν: the Bosporus, as Pausanias was at
Byzantium.   δι' οὗ τὸ λοιπὸν τοὺς λόγους ποιησόμεθα, 'through
whom we shall correspond in future'.

12. κεῖταί σοι εὐεργεσία, 'there is stored up for you (a record
of) service.'

16. ἕξει, 'shall be', as it is qualified by adverbs.   Cf.
p. 18. 18.

20. καθεστηκότι, 'ordinary'.

26. ἀνεκάλεσαν, 'had recalled'.

27. ἔφοροι: the body of five, who had supreme authority at
Sparta.

PAGE 37. 1. σκυτάλην: a staff used for sending secret dis-
patches. A strip of paper was rolled slantwise round it, and
on it the dispatch was written lengthwise. When the strip was
unrolled, the dispatch was unintelligible; but the commander
to whom it was sent had a similar staff round which he rolled
the paper and read it. It might be thought that a little in-
genuity and patience would have enabled any one to read such
a paper; and perhaps there was some additional device of
which we do not hear.

8. ἀπὸ τῶν Μήδων ἀκροθίνιον, 'as the first fruits from (the
spoil of) the Medes'.

14. συγκαθελοῦσαι: aor. partic. act. of συγκαθαιρέω.

21. κομιεῖν: fut. infin. act. of κομίζω; following μέλλων.

PAGE 38. 2. ἄλλου δὲ νεύματι ἀφανεῖ δηλώσαντος τὸ γενη-
σόμενον, 'and another having warned him of what was coming
by a private signal'.   ἀφανεῖ, 'unseen' by the others.

5. ὃ ἦν τοῦ ἱεροῦ, 'which was part of (belonged to) the temple'.

15. ἀνέῳξαν : aor. indic. act. of ἀνοίγω.

19. ὅτι ἔσοιτο ὁ πόλεμος, 'that the war would come'; i.e. the great war which soon broke out.

21. ἐς οὐδένα οὐδὲν ἐνεωτέριζον, 'they did no violence to any one.'

24. πολλῷ πλείους, 'many more' than had really entered.

PAGE 39. 3. συνελέγοντο, 'they joined each other.'

6. ἵνα ἀντὶ τείχους εἶεν, 'to serve as a wall'.

8. ἐς χεῖρας ἦσαν, 'they came to close quarters.'

12. ἄπειροι ὄντες . . . τῶν διόδων ᾗ χρὴ σωθῆναι, 'being ignorant of the thoroughfares by which they must escape'.

15. μηδὲ ταύτῃ ἔτι, 'no longer even by this'.

20. ὃ ἦν τοῦ τείχους, 'which formed part of the wall'. Cf. p. 38. 5.

23. ἀπειλημμένους : perf. partic. pass. of ἀπολαμβάνω.

PAGE 40. 1. οὓς ἔδει . . . παραγενέσθαι, 'who ought to have arrived'.

6. ἐρρύη μέγας, 'was in flood'. ἐρρύη : aor. indic. of ῥέω.

8. ὕστερον, 'too late'.

18. ἀναχωρήσασι, 'if you withdraw'; aor. partic. agreeing with ὑμῖν.

25. ὑποσπόνδους, 'under a treaty', asked for by the Thebans, who, by so doing, acknowledged that the Plataeans were the conquerors.

PAGE 41. 1. τούτου : an attempt to set the town on fire.

4. περὶ ἀρκτούρου ἐπιτολάς : about the middle of September.

6. διελύθησαν κατὰ πόλεις, 'dispersed to their several towns'.

12. κατεσκευάσθη, 'was permanently established', not merely 'prepared'. It was expected to be a long business.

13. τοῦ δὲ αὐτοῦ χειμῶνος, 'in the course of the same winter'.

14. τῷ τε σίτῳ ἐπιλιπόντι, 'by failure of provisions'.

PAGE 42. 2. ἄλλως τε καί, 'both for other reasons and', or, in one word, 'especially', as emphasis is given by this phrase to the fact introduced by καί.

10. διά, 'at intervals of'.

12. παρὰ πύργον, 'past a tower'.

13. ὁπότε χείμων εἴη νοτερός. 'whenever there was stormy weather with rain'; frequentative optative.

14. δι' ὀλίγου, 'at a short distance from each other'.

18. παρεσκεύαστο αὐτοῖς, ' preparations had been made (lit. it had been prepared) by them.' The dat. of the agent is often used with the perf. and pluperf. pass.

23. τῷ ἐκ τοῦ προσιέναι αὐτούς in an adjectival phrase qualifying ψόφῳ, 'the noise from the fact that they were approaching', or simply 'made by their approach'. The infin. is a neuter noun.

24. κατὰ, 'at'.

PAGE **43. 1.** προσέθεσαν, 'planted them against the wall'.

6. εἴησαν: cf. p. 42. 13.

7. οἱ ἐκ τῶν πύργων φύλακες, 'the guards *in* the towers', as we should say. The Greek idiom is justified because the men heard *from* the towers.

12. οἷς ἐτέτακτο, 'whose duty it was', lit. 'to whom it had been appointed'.

13. εἴ τι δέοι, 'if at any time there was need'; frequentative.

20. τὴν τάφρον: i.e. the outer trench.

24. ἐν τῷ ἀφανεῖ ὄντες, 'being in the dark'.

PAGE **44. 1.** φθάνουσι . . . διαβάντες, 'got over first', i.e. got clear away. Cf. p. 32. 27.

3. τὴν ἐς Θήβας φέρουσαν ὁδόν, 'the road leading to Thebes'; the last road that the enemy would expect them to take.

9. λαβόμενοι τῶν ὀρῶν, 'having taken to the hills'.

10. ἀπὸ πλειόνων, 'from a number originally larger'.

14. οἱ δὲ ἐκ τῆς πόλεως, 'the men *in* the city'; explained by ἐκπέμψαντες below. Cf. p. 43. 7.

15. τῶν ἀποτραπομένων σφίσιν ἀγγειλάντων, 'when those who had turned back told them'.

17. ἐσπένδοντο ἀναίρεσιν, 'proposed a truce for the recovery'; but it turned out to be unnecessary. Note the imperfect.

25. ἑκόντες: this was regarded as important. If at the end of the war it was agreed that both sides should restore their captures, the Lacedaemonians would plead that Plataea had surrendered *voluntarily*.

PAGE **45. 1.** δικασταῖς, 'as judges'.

3. ἐν τῷ ἀσθενεστάτῳ, 'in the last stage of exhaustion'.

10. δεδρακότες εἰσί: this periphrastic form is occasionally found in the perf. indicative; it is usual in the perf. subjunctive and optative. ὁπότε μὴ φαῖεν, 'whenever they said that

they had not', as they were brought up one after another.
Hence the frequentative optative.

16. ἐπειδὴ . . . ἐγένοντο, 'after they became'; in 519 B.C.

PAGE 46. 1. κατά, 'off the coast of'.

2. κατήνεγκε : aor. indic. act. of καταφέρω.

4. εἶεν : opt. in indirect statement.

11. φύλακα, 'to guard it'.

20. ὡς . . . προσβαλοῦντες, 'to attack'.

21. διὰ ταχέων εἰργασμένον, 'hurriedly built'.

PAGE 47. 1. τοὺς περὶ αὐτούς, 'who attended them'.

8. ξύλων, 'timbers'; contemptuously.

17. αὐτοῖς ἀνδράσιν, 'with its crew'.

20. σπονδάς, 'armistice'.

22. συμβάσεως, 'treaty'.

PAGE 48. 3. οὐκ ἤθελον, 'refused'.   ἐν τῷ παρόντι, 'at
the time'.

11. κατὰ χώραν, 'in position', i.e. where they were before.

14. παρὰ λόγον ἐπιγιγνόμενος, 'running on beyond expec-
tation'.

15. ἡμερῶν ὀλίγων, 'in a few days'.

21. ἔτι νυκτός, 'while it was still night'.   κατὰ τὸν
λιμένα, 'by the harbour'.

PAGE 49. 2. οὐκ ἔφη : as in the Latin nego, the negative is
put with the verb of 'saying', not with the infin.

4. ἡρέθη, 'he was chosen'.

6. τούτοις, 'as these', following ταὐτά (τὰ αὐτά).

10. ἄνδρες, 'men', emphatically.

11. καὶ αὐτός γ' ἄν, εἰ ἦρχε, ποιῆσαι τοῦτο, 'and that he
at least would have done so, if he had been in command'.
ποιῆσαι : indirect for ἐποίησα.   ἦρχε : changed in person
only.

15. αὐτός . . . ἐκεῖνον : cf. p. 22. 12.

20. ἐπί, 'at'.

PAGE 50. 1. ὡς ἥξων, 'that he would soon be there'.

3. οὖσαν : partic. following εὑρίσκω. Cf. p. 11. 17 for
other verbs with this construction.   ἐπὶ τὸ πολύ, 'to a great
extent'.

9. ὀλίγον, 'a little'; adverb.

18. οἱ δὲ περὶ τὸν Ἐπιτάδαν, 'the men with Epitadas',
hoplites, who now formed in close order (συνετάξαντο) to fight
with the Athenian hoplites.

24. πολύς, 'in clouds'.

Page 51. 5. καὶ τῆς ἡμέρας τὸ πλεῖστον, 'in fact, for the greater part of the day'.

10. κατὰ νώτου τοῖς πολεμίοις, 'down upon the rear of the enemy'. He proposed to surprise them from the high, rocky ground in their rear.

11. κατὰ τοὺς κρημνοὺς τῆς νήσου, 'along the rocky face of the island', near the sea.

12. περιελθὼν ἔλαθε, 'he got round unseen'; cf. the use of the participle with τυγχάνω and φθάνω.

25. καθ' ἑαυτούς, 'by themselves'.

Page 52. 1. ὡς ἐς πλοῦν, 'with the intention of sailing'.

2. ἐς φυλακήν, 'for custody'.   ὀκτὼ ἀποδέοντες, 'minus eight'.

Page 54. 1. ταῖς ναυσὶν εὖ πλεούσαις, 'with his ships rowed swiftly'. The military or naval force with which a movement is conducted is often put in the dative without a preposition.

2. Μυτιλήνην: the chief city of Lesbos, Methymna (8 below) being the second.

6. ἀνείλκυσεν: aor. of ἀνέλκω.

12. διὰ τὸ μὴ πυνθάνεσθαι, 'because they were not hearing of'. For the article and infin. cf. p. 42. 23.

Page 55. 2. ὀλιγώρως εἶχον, 'were careless'.   ἐπὶ, 'in the direction of'.

10. τοὺς ἐν τῇ ἡλικίᾳ, 'those of military age'.

17. οὖσαν: for the partic. cf. p. 11. 17.

19. ἐπὶ τῇ Μαλέᾳ ἄκρᾳ τῆς Λέσβου, 'on Malea the promontory of Lesbos', distinguished thus from Cape Malea at the south of Laconia.

23. ὅτι οἱ Ἀθηναῖοι εἶεν, 'that it was the Athenians'.

24. περὶ μέσας νύκτας, 'about midnight'. The plural is common in this sense.   ὕδωρ, 'rain'.

Page 56. 4. οὐ κάκιον οἰκήσεται, 'would be no worse inhabited', i.e. his death would be of no practical importance.

10. αὐτοῖς ἀνδράσιν: cf. p. 47. 17.

11. πασῶν οὐσῶν δέκα, 'the whole number of Lacedaemonian ships being ten'.

14. καταδεδυκυίας, 'water-logged'.

Page 57. 1. προσετάχθη, 'the charge was given.'   ὅτι, 'merely because'.

3. τῷ ὄντι, 'in fact'.

7. μιᾷ ψήφῳ κρίνειν, 'to sentence by a single vote'. This was illegal, because a law, passed on the proposal of a citizen

named **Cannonus**, gave to every one the right of a separate trial.

8. ποιοῦσιν : dat. plur.

11. ἐκ τῶν τειχῶν, 'from his forts', in the Chersonesus (Gallipoli) near the Hellespont. Aegospotami is on its European shore. Lysander was at Lampsacus on the Asiatic side.

19. στρατηγεῖν : indirect statement.

22. καθ᾽ ἑκάστην ἡμέραν, ' daily '.

PAGE **58**. 3. τοῖς παρ᾽ αὐτοῦ ἑπομένοις, 'those who followed from him'; i.e. those whom he sent to watch the retiring fleet of the Athenians.

7. εἰς τὰς ναῦς βοηθεῖν κατὰ κράτος, 'to man the ships in full strength'; lit. 'to come to the rescue into the ships', &c.

11. Πάραλος : one of the sacred vessels of the Athenians, reserved for religious missions, the admiral's use, or other state service.

22. πείσεσθαι : fut. infin. of πάσχω.

25. τὰ ἄλλα πάντα, 'in all other ways'.

29. τὰ πλοῖα, ' merchant ships ', to bring supplies.

PAGE **59**. 4. ἐπελελοίπει : pluperf. of ἐπιλείπω.

7. ἐπὶ τούτοις, ' on these terms '.

9. τι, 'in any way', 'at all'.

12. ἐν τῷ ἀσθενεστάτῳ : cf. p. 45. 3.

16. ἐφ᾽ ᾧ . . . καθελεῖν, 'on condition that they should destroy'.

18. καθεῖναι, 'restore'; these exiles belonged to the party favourable to Sparta.

22. ἐνεχώρει, ' it was possible '; imperf. of ἐγχωρέω, used impersonally.

PAGE **60**. 1. ὑπ᾽ αὐλητρίδων, 'to the music of flute-girls'.

3. ὑπὸ νύκτα, ' towards night '.

13. διεφθαρμένοι . . . τοὺς ὀφθαλμούς, ' blinded '.

14. ὑπὸ τοῦ ψύχους . . . ἀποσεσηπότες, 'having lost by frostbite'.

18. ἐκάθηντο : imperf. of κάθημαι.

19. οὐκ ἔφασαν : cf. p. 49. 2.

PAGE **61**. 3. οὐ γὰρ ἂν δύνασθαι, 'for they would not be able' (if they tried); infin. in indirect statement.

13. διαλαχόντες ἃς ἑώρων κώμας, 'having divided by lot the villages which they saw' in the distance.

19, ἐνάτην ἡμέραν γεγαμημένην, 'married for the ninth day'; i.e. only nine days married. λαγὼς ᾤχετο θηράσων, 'had gone to course hares'. Xenophon, no doubt, sympathized (see p. 53) with this unusual way of spending a honeymoon.

20. ἥλω : 3rd sing. aor. indic. of ἁλίσκομαι.

PAGE 62. 7. κατὰ τὸ δυνατόν, 'to the best of his power'.

9. ἐν ἀφθόνοις, 'in plenty'.

14. ἀφίεσαν, 'let them go'.

17. τῷ προπιεῖν, 'to drink the health of any one'. The person whose health was drunk had to drink in return, Xenophon describes how this was done.

20. ἐκείνους : Cheirisophus and his comrades.

PAGE 63. 3. ἀναθρέψαντι καταθῦσαι, 'to fatten up and sacrifice'. ἀναθρέψαντι : aor. partic. of ἀνατρέφω. ἀκούσας, &c. Xenophon does not say whether he believed in the sanctity of the horse. It was, no doubt, a recommendation to the chief.

15. τεθνάναι ἐπηγγείλατο, 'he promised to die', i.e. he said that they might kill him.

16. ἐνέβαλεν . . . παρεκελεύετο. Notice the change of tense. He entered the enemy's country,—a single act; but he kept on urging them as they marched through it.

25. οἱ ἀεὶ ἐπιόντες, 'all as they kept coming up'. These were behind οἱ πρῶτοι but in front of Xenophon.

PAGE 64. 4. καί, 'as well'.

12. ᾤχετο ἀπιών, 'he went off'.

15. ἐκ δεξιᾶς, 'on the right'.

PAGE 65. 1. ἀντιτετάχαται : 3rd plur. perf. indic. pass. of ἀντιτάττω.

7. τὰ πιστά, 'the proper pledges'.

19. καταφαγεῖν : aor. infin. act. of κατεσθίω.

20. ἄλλος ἄλλῃ, 'in different directions'.

24. τῶν κηρίων . . . ἔφαγον, 'ate of the combs'; partitive genitive.

26. ἐῴκεσαν : 3rd plur. pluperf. of ἔοικα.

27. οἱ δὲ καὶ ἀποθνήσκουσιν, 'and some actually looked like dying men'.

PAGE 66. 3. ἐκ, 'after'.

7. ἐντεῦθεν ὁρμώμενοι, 'starting thence', i.e. making it their head-quarters or base. Notice the present partic. and the imperf. indic.

10. ἣν εὔξαντο, 'which they had vowed'.

14. ἔφυγεν, 'had been banished'.

15. δρόμου τε ἐπιμεληθῆναι, 'to look after the course'.

17. τὰ δέρματα : to be given as prizes.

23. στάδιον, 'the two hundred'.

24. δόλιχον, 'the two miles', or something like it. These accusatives are cognate.

26. κατὰ τοῦ πρανοῦς, 'down the hill'.

PAGE 67. 2. πρὸς τὸ ἰσχυρῶς ὄρθιον, 'against the steep slope'.

8. ὅσῳ ... μείζω, ... τοσούτῳ μείζω, 'the greater, ... by so much the greater'.

13. κρεῶν ... νενεμημένων, 'of meat divided into portions'.

16. διέκλα κατὰ μικρόν, 'he kept breaking into little bits'.

19. ὄνομα, 'by name'; in app. to Ἀρύστας.

PAGE 68. 4. προπίνω σοι ... τὸν ἵππον τοῦτον, 'I pledge this horse to you'; as if he had said, 'I pledge this cup.' The cup was often presented to the man whose health was drunk, and in the same way the Thracian gives the horse as a drinking-present to Seuthes.

15. οὐδέν σε προσαιτοῦντες, 'asking nothing more of you'; double acc.

20. ἀνέκραγε τὸ πολεμικόν, 'shouted out his war-cry'.

21. ἐξήλατο, 'leapt aside'.

23. βουλεύσας, 'having become a member of the βουλή' or Council of 500 at Athens. The business of the Council was managed by a Committee of ten members, who held office for one week. Every day they elected a new Chairman (ἐπιστάτης) from their number by lot.

24. βουλεύσειν, 'that he would act'.

PAGE 69. 2. τοὺς ὀκτὼ στρατηγούς : see p. 57. 7.

5. περὶ πλείονος ἐποιήσατο, 'he thought it of more importance.'

7. οἱ πολλοί, 'most people'.

14. τὰ ἑαυτοῦ πράττειν, 'do his own business' or 'live his own life without interference'.

17. πράγματα ἔχειν, 'have trouble'.

19. καὶ μάλα, 'certainly'.

24. θρέψαιμι : aor. opt. act. of τρέφω.

PAGE 70. 4. ἀφελών τι ἐδίδου, 'he would set aside a portion and send it to him.'

5. δεῖπνον : cf. p. 5. 15.

7. τῶν συκοφαντούντων τὸν Κρίτωνα, 'of those who accused Crito falsely'; gen. after ἀδικήματα.

9. αὐτῷ, 'against himself'.

11. ὥστε ἀπαλλαγῆναι αὐτοῦ, 'on condition that he got rid of him', i.e. that Archedemus dropped the prosecution.

13. φύλακα, 'as a guard'.

18. τὴν δι' ἀρετῆς ὁδόν, 'the road of virtue', cognate acc.

20. τράπηται, 'he should take'; deliberative subjunct.

22. φύσει, 'in looks'.

24. τοῦ ὄντος, 'than her natural colour'.

PAGE 71. 1. τράπῃ : 2nd sing. aor. subj. mid. of τρέπω.

4. σκοπούμενος ... τί ἂν ... εὕροις, ' considering what you can find '.

8. εὐδαιμονία, κακία, and ἀρετή below: qualities personified. Cf. 11. 9.

14. προοιμίοις ἡδονῆς, 'with prefaces about pleasure'.

17. ἀρετῆς ... προπάροιθεν, 'in front of virtue', i.e. as a necessary condition of it.

21. ὑπολαβοῦσα, 'interrupting'.

26. ἐκ θεῶν μὲν ἀπέρριψαι, 'you are outcast from among gods.'

PAGE 72. 8. εἰ ἐκτείνειας τοὺς περιπάτους, ' if you prolonged the walks ', i.e. made them into one long walk.

11. παρετάθη, 'he was tired out'; aor. pass. of παρατείνω.

12. Δί', or Δία : acc. of Ζεύς.

17. ἀπήλλαχεν ; ' has he come off ? '

19. πῶς ἂν οἴει διατεθῆναι ; ' what do you think your condition would have been?' lit. 'how do you think you would have been disposed ?'

22. ἀνδρός, 'the mark of a man'.

PAGE 74. 2. τοῦτο δι' ὅ, ' the reason that '.

3. ὡς σφοδρός, 'how impulsive'.

PAGE 75. 2. ἀνεῖλεν, 'answered', not ' warned ', as p. 22. 8.

3. λέγει, ' mean '.

4. οἶδα οὐδαμῶς σοφὸς ὤν, 'I know that I am by no means wise.'   ὤν : nom. because it refers to the subject of οἶδα.

7. ὡς ... ἐλέγξων τὸ μαντεῖον, ' with the idea that I should prove the answer false '.

17. οὐδὲ οἴομαι, ' do not think that I know either '.

23. πάλαι γενομένης τῆς δίκης, 'though the trial took place some time ago '.

24. φαίνεται ἀποθανών, 'it is clear that he died.'

PAGE 76. 2. τοῦ πλοίου : the Salaminia or the Paralus. Cf. p. 58. 11.

5. τοὺς δὶς ἑπτά : seven youths and seven maidens had been sent every year to Crete to be devoured by the Minotaur. Theseus went with them and killed him, and, in memory of

this, the Athenians sent every year a mission to the festival of Apollo at Delos.

7. εὔξαντο . . . σωθεῖεν : sc. Theseus and his companions.

8. ἐξ ἐκείνου, 'since that time'.

9. πέμπουσι : sc. the Athenians.

22. ἕως ἀνοιχθείη, 'till it should be opened'.

24. ἀνοιχθείη : frequentative.

PAGE 77. 2. ἕνδεκα : a board of eleven who had charge of prisons, executions, &c.   λύουσι : i.e. are taking the chains off his legs.

5. Ξανθίππην : the wife of Socrates.

13. τῶν κύκνων . . . φαυλότερος . . . τὴν μαντικήν, 'a poorer prophet than the swans'; 'for you do not believe (he means) that I know what follows death, but the swans know.'

PAGE 78. 18. δειπνήσαντας καὶ συγγενομένους τοῖς φίλοις, 'after dining and enjoying the society of their friends'.

PAGE 79. 4. ἔξεστιν ἀποσπένδειν; 'may I make a drink-offering?' He asks whether there is any to spare as a libation to the gods. The man replies that there is not.

8. τὴν μετοίκησιν τὴν ἐνθένδε ἐκεῖσε, 'my change of abode from here to there'.

12. ἐμοῦ γε βίᾳ, 'against my will at any rate'.

13. ἐγκαλυψάμενος, 'with my head covered'.

16. ἵνα μὴ τοιαῦτα πλημμελοῖεν, 'that they might not make such a discord'.

17. ἐν εὐφημίᾳ, 'amidst words of good omen'. Almost 'in peace'.

23. Ἀσκληπίῳ : the god of healing, to whom offering was made by any one on recovery from sickness.

25. δι' ὀλίγου, 'soon'.   συνέλαβε, 'closed'.

PAGE 80. 2. ὑγιής, 'with his body still fresh'.

4. ἀνεβίω : 3rd sing. aor. indic. act. of ἀναβιώσκομαι. ἀναβιούς : aor. partic.

5. ἐκεῖ : in the other world.

16, 17. τὰς μὲν ἀνιούσας, τὰς δὲ καταβαινούσας. These souls are coming up out of the earth or down from heaven to begin their life again in the world.

PAGE 81. 5. ὅσα : referring to ἁπάντων.

7. κατὰ τὰ αὐτὰ τὴν ἀξίαν ἐκομίζοντο, 'received their due reward on the same scale'.

13. στομίου : the aperture of the Χάσμα leading from below the earth.

16. **μὴ : not οὐ,** because the partic. which it qualifies is attached to a frequentative optative.

22. σιγήσαντος, ' when it had not been heard '.

23. αἱ δὲ εὐεργεσίαι ἀντίστροφοι, ' while the rewards were correspondingly great'.

27. οἷον κίονα, ' like a pillar '.

PAGE 82. 11. θνητοῦ γένους, ' of a generation of men '.

12. οὐχ ὑμᾶς δαίμων λήξεται, ' destiny shall not be allotted to you '; lit. ' shall not obtain you by lot '.

13. πρῶτος δὲ ὁ λαχών, ' he that draws the first lot '. Notice the masculine gender. Plato is here thinking of the ψυχαί as individual men.

17. ὁπόστος εἰλήχει, ' in what order he had drawn '; i.e. what his number was.

23. παίδων αὐτοῦ βρώσεις, ' that he would eat his own children '; there is more than one instance of this in Greek legend.

25. προρρηθεῖσιν : see under προερέω.

PAGE 83. πίθηκον ἐνδυομένην, ' putting on (the exterior of) an ape '.

10. δαίμονα, ' the destiny ', the same as his βίου παράδειγμα.

13, 14. τὸ τῆς Λήθης πεδίον, τὸν 'Αμέλητα ποταμόν, ' the plain of Forgetfulness ', ' the river of Indifference '.

15. ὁ δὲ ἀεὶ πιών, ' each as he drinks '.

18. τοῦ . . . ὕδατος : partitive gen.

19. ὅπη καὶ ὅπως, ' by what road and how '.

INDEX OF PROPER NAMES

(This index does not contain all the proper names occurring in the book; those about which information is either unnecessary or supplied in the notes are omitted.)

Ἕλληνες, Greeks. Ἑλληνικός, Grecian ; *fem. adj.* Ἑλληνίς.

Ἑλλήσποντος, Hellespont or Dardanelles, between the Sea of Marmora and the Aegean.

Ἐρέτρια, a town in the island of Euboea, opposite the north coast of Attica. Ἐρετριεύς, an Eretrian.

Ἑρμῆς, *voc.* Ἑρμῆ, Hermes, son of Zeus and Maia, the herald of the gods.

Ζεύς, *acc.* Δία, *gen.* Διός, the greatest of the Greek gods.

Ἡρακλῆς, *voc.* Ἡράκλεις, Heracles (Latin Hercules), the greatest of the Greek heroes or demi-gods. He had a famous temple, Ἡράκλειον, at Athens.

Θερμοπύλαι, Thermopylae, the pass from Thessaly into southern Greece, where Leonidas and the three hundred Spartans opposed the host of Xerxes and were surrounded.

Θερσίτης, Thersites, one of the Greeks at Troy, famed for his deformity and impudence ; punished by Ulysses for his abuse of Agamemnon.

Θῆβαι, Thebes, capital of Boeotia. οἱ Θηβαῖοι, the Thebans.

Θρᾴκη, Thrace, between Macedonia and the Black Sea.

Ἰκάριον πέλαγος, the Icarian sea, between Ionia and the Cyclades, so named from Icarus, son of Daedalus, who fell into it.

Ἴωνες, Ionians, dwellers in the cities of Asia Minor colonized by Ionian Greeks. Ἰωνία, the district of the Ionian Greeks.

Καλλικρατίδας, Callicratidas, the Spartan admiral at Arginusae.

Καππαδοκία, Cappadocia, a district east of the kingdom of Lydia.

Κέρκυρα, Corcyra, now Corfu, an island on the west of Greece.

Κιλικία, Cilicia, a district on the south coast of Asia Minor.

Κόρινθος, Corinth, a city in the Peloponnese, at the west of the Isthmus.

Κρόνος, Cronus, the Titan god, father of Zeus, by whom he was dethroned.

Κύκλωπες, Cyclopes, giants who forged the thunderbolts of Zeus in the workshops under Mt. Etna.

Κύπρος, Cyprus, a large island in the east of the Mediterranean, south of Cilicia.

Λακεδαίμων, Lacedaemon, also called Sparta, the capital of Laconia, in the south of the Peloponnese. οἱ Λακεδαιμόνιοι, the Lacedaemonians.

Λακωνική, Laconia.

Λέσβος, a large island off the coast of Asia Minor.

Λοξίας, title of Apollo.

Λυδοί, the people of Lydia, a country in the west of Asia Minor.

Λύσανδρος, Lysander, the Spartan admiral, who gained the victory at Aegospotami and reduced Athens to submission.

Μέμφις, the capital of Egypt.

Μῆδοι, Medes, a powerful people of Asia, who formed part of the Persian empire after their conquest by Cyrus; often used as an equivalent for Persians. Μηδίς, a Median woman. Μηδικός, Median.

Μίδας, a king of Phrygia, famous for his great wealth.

Ξέρξης, son of Darius I, king of Persia from 485 to 465 B. C.

'Οδυσσεύς, Odysseus or Ulysses, one of the greatest of the Greek warriors at Troy, famous for his long wandering on his return.

'Ολυμπία, Olympia, a town in the west of the Peloponnese, where the great games were held.

'Ορφεύς, the renowned Thracian minstrel, whose music charmed wild beasts and even trees and rocks.

Παρνασός, Parnassus, a mountain near Delphi, the abode of Apollo and the Muses.

Πειραιεύς, acc. Πειραιᾶ, gen. Πειραιῶς, Piraeus, the port of Athens, connected with the city by the Long Walls.

Πελοπόννησος, the Peloponnese, the part of Greece that is south of the Isthmus of Corinth. οἱ Πελοποννήσιοι, the Peloponnesians; often used for the Lacedaemonians and their allies.

Πέρσης, plur. Πέρσαι, a Persian.

Πλάταια or Πλαταιαί, a city of Boeotia near the border of Attica. Πλαταιᾶσιν, at Plataea. οἱ Πλαταιῆς, gen. Πλαταιῶν, the Plataeans.

Πυθία, the Pythian, or Delphian, priestess, who pronounced the oracles of Apollo at Delphi.

Σάμος, a large island in the Aegean, near Ephesus.

Σάρδεις, Sardis, the capital of Lydia.

Σικυών, Sicyon, a city in the Peloponnese, north-west of Corinth.

Σόλων, a renowned Athenian legislator; one of the seven Wise Men.

Σούνιον, Sunium, a promontory at the extreme south of Attica.

Σπάρτη, Sparta, the capital of Laconia.   Σπαρτιάτης, a

true-born Spartan, a descendant of the Dorian conquerors.

Σωκράτης, the philosopher, the friend of Xenophon and Plato. He lived from 469 to 399 B.C.

Ταίναρος, Taenarus, the most southern promontory of Laconia.

Τάρας, Tarentum, a Greek settlement in the south of Italy.

Τραπεζοῦς, *acc.* Τραπεζοῦντα, Trapezus, now Trebizond; a Greek settlement on the southern shore of the Black Sea.

Φοῖβος, Phoebus or Apollo.

Χῖος, an island in the Aegean off the coast of Ionia.

VOCABULARY

Unless marked otherwise, nouns in -ος are masculine and nouns in -α are feminine. The gender of nouns in -η and in -ον is not marked. The stems of consonant nouns are given except those of neuters in -α and in -ος.

The part of speech is given after all prepositions; it is not given after other words except for some special reason.

Tenses of compound verbs will be found in the Vocabulary usually under the simple forms.

ἀγαθός, good.

ἄγαλμα, n., image, statue.

ἀγανακτέω, am angry; am displeased at (dat.).

ἀγαπάω, love.

ἀγγεῖον, vessel.

ἀγγέλλω (aor. ἤγγειλα), report, tell.

ἄγγελος, messenger.

ἀγείρω, collect, muster.

ἀγνοέω, do not know, do not recognize.

ἀγορά, market, market-place, place of assembly.

ἄγριος, wild, fierce.

ἄγροικος, boor.

ἀγρός, field, land.

ἄγω (aor. ἤγαγον), lead, bring; imperat. ἄγε, come.

ἀγών (st. ἀγων-), m., contest, games.

ἀγωνίζομαι, struggle, fight, compete.

ἄδεια, safe conduct, pardon.

ἀδελφός, brother.

ἀδικέω, injure.

ἀδίκημα, n., wrong, violent act, crime.

ἀδικία, injustice.

ἄδικος, unjust; adv. ἀδίκως, unjustly.

ἀδύνατος, impossible.

ᾄδω, sing.

ἀεί, always; after the article, from time to time.

ἀθάνατος, immortal.

ἀθλητής, athlete.

ἀθροίζω, collect, muster.

ἀθρόος, gathered, in a body.

ἀθυμία, despondency.

αἰγιαλός, sea-shore, beach.

αἰδώς (dat. αἰδοῖ), f., modesty.

αἰθρία, clear sky.

αἴθω, burn.

αἴξ (st. αἰγ-), c., goat.

αἵρεσις, f., choice.

αἱρέω (aor. act. εἷλον, aor. pass. ᾑρέθην), take, catch; mid. choose.

αἴρω, raise.

αἰσθάνομαι (aor. ἠσθόμην), perceive.
αἰσχρός, disgraceful.
αἰσχύνομαι, am ashamed.
αἰτέω, ask, beg.
αἰτία, cause, blame.
αἰτιάομαι, blame.
αἴτιος responsible for (gen.).
αἰχμάλωτος, prisoner.
ἀκολουθέω (dat.), follow.
ἀκόλουθος, attendant.
ἀκούω (perf. ἀκήκοα), hear (acc. or gen.).
ἄκρα, promontory.
ἀκροθίνιον, first fruits (of spoil).
ἀκρόπολις, f., citadel, acropolis.
ἄκρος, highest, outermost; τὸ ἄκρον, the height, summit.
ἀκρωτήριον, promontory.
ἀκτίς (st. ἀκτιν-), f., ray.
ἄκων, unwilling.
ἀλεκτρυών (st. ἀλεκτρυον-), m., cock.
ἀλήθεια, truth.
ἀληθής, true.
ἅλις, adv., enough.
ἁλίσκομαι (aor. ἑάλων or ἥλων), am taken.
ἄλκιμος, brave.
ἀλλά, but.
ἀλλαγή, change.
ἀλλήλους (no nom.), each other.
ἄλλος, -η, -ο, other, another; adv. ἄλλῃ, elsewhere, another way; ἄλλος ἄλλῃ, in different directions.
ἄλλοτε, at another time, before this.
ἄλλως, otherwise, in other respects.

ἁλμυρός, brackish.
ἀλογίστως, thoughtlessly.
ἄλφιτα (n. plur.), barley meal.
ἀλώπηξ (st. ἀλωπεκ-), f., fox.
ἅλωσις, f., capture.
ἅμα, adv., at the same time; prep. w dat., together with, at the same time as.
ἅμαξα, waggon.
ἁμαρτάνω (fut. ἁμαρτήσομαι, aor. ἥμαρτον), miss, go wrong.
ἁμαρτία, fault.
ἄμαχος, impregnable.
ἀμείνων, comp. of ἀγαθός, better.
ἀμελέω (gen.), neglect, overlook.
ἀμελής, acc. ἀμέλητα, careless, indifferent.
ἀμύνω, keep off, aid (dat.); mid., defend myself.
ἀμφί, prep. w. acc., about.
ἀμφίβολος, attacked on both sides.
ἀμφότεροι, both.
ἀμφοτέρωθεν, on both sides.
ἄν (1) marks the apodosis of a conditional sentence, (2) follows pronouns and conjunctions with the subj.
ἀνα-βαίνω, go up, mount.
ἀνα-βάλλω, put off; often in mid.
ἀνα-βιβάζω, take up, bring up, mount, put up (on horseback).
ἀνα-βιώσκομαι (aor. indic. ἀνεβίων, aor. partic. ἀναβιούς), come to life again.
ἀνα-βλέπω, look up.
ἀναγκάζω, compel.

ἀναγκαῖος, necessary, fated.

ἀνάγκη, necessity.

ἀνάγραπτος, recorded, registered.

ἀν-άγω, put out to sea (trans.); mid., put out to sea (intrans.).

ἀναγωγή, a putting out to sea.

ἀνα-δείκνυμι, hold up, display.

ἀνάθημα, n., offering.

ἀναιδής, shameless, immodest.

ἀναίρεσις, f., recovery (for burial).

ἀν-αιρέω (aor. ἀνεῖλον), take up, destroy, kill; answer (of oracles); mid., take up (especially of dead bodies for burial), recover, save.

ἀναισχυντία, shamelessness.

ἀναίτιος, blameless.

ἀνα-καλέω, recall.

ἀνα-κόπτω (aor. pass. ἀνεκόπην), beat back.

ἀνα-κράζω (aor. ἀνέκραγον), shout out.

ἀνα-κρούω, push back; mid., back water.

ἀνακωχή, armistice.

ἀνα-λαμβάνω, take up, take, recover.

ἀναλίσκω, spend, kill.

ἀνα-μιμνήσκομαι, remember.

ἀναμφισβήτητος, indisputable.

ἀνα-παύω, give rest to, relieve, stop, hinder; mid., rest.

ἀνα-πέμπω, send up.

ἀνα-πέτομαι (fut. ἀναπτήσομαι), fly up, fly away.

ἀνα-στενάζω, groan.

ἀνα-στρέφω, turn back.

ἀνα-τίθημι, dedicate.

ἀνα-τρέφω, feed up.

ἀνα-φαίνω, display; pass. (aor. ἀνεφάνην), come into sight, appear.

ἀνα-φρονέω, recover senses.

ἀνα-χωρέω, withdraw, retreat.

ἀναχώρησις, f., retreat, retirement.

ἀνδραποδίζω, enslave.

ἀνδράποδον, slave.

ἀνδρεία, courage.

ἀνδρεῖος, brave.

ἄν-ειμι, go up.

ἀν-έλκω, draw up.

ἄνεμος, wind.

ἄνευ, prep. w. gen., without.

ἀν-ευρίσκω, find, discover.

ἀν-έχω, hold up, support; mid., endure.

ἀνήρ (st. ἀνδρ-), man, husband.

ἀνθρώπειος, belonging to man; τὰ ἀνθρώπεια, human affairs.

ἀνθρώπινος, human.

ἄνθρωπος, man (often as a general term, including all human beings).

ἀνιάω, hurt.

ἀν-ίστημι, trans. tenses, raise up; intrans. tenses and mid., rise, stand up.

ἀν-ίσχω, rise (of the sun).

ἄνοδος, f., way up.

ἀνόητος, senseless, foolish.

ἀν-οίγω (imperf. ἀνέῳγον, aor. ἀνέῳξα, perf. pass. ἀνέῳγμαι), open.

ἀν-ορθόω, put back.

ἀντ-αιτέω, ask in return.

ἀντ-αν-άγω (act. and mid.), put to sea against.

ἀντ-εῖπον (aor. with no present in use), reply.

ἀντ-έχω, hold out, endure.
ἀντί, prep. w. gen., instead of.
ἀντι-γράφω, write in reply.
ἄντικρυς, adv., straight on.
ἀντι-λαμβάνομαι, lay hold of (gen.).
ἀντίον, prep. w. gen., opposite.
ἀντι-παρα-τάσσω or -τάττω, draw up in opposition.
ἀντι-παταγέω (dat.), drown (a noise).
ἀντι-στρατοπεδεύομαι, encamp against (dat.).
ἀντίστροφος, corresponding.
ἀντι-τάσσω or -τάττω, draw up in opposition.
ἀνυπόδητος, barefoot.
ἄνω, adv., above, up; ἐν τῷ ἄνω, above.
ἄνωθεν, from above, above.
ἀξία, due, desert.
ἀξιόλογος, remarkable, important.
ἄξιος, worthy, worth (gen.); adv. ἀξίως, worthily, in a manner worthy.
ἀξιόω, claim, ask, think right.
ἀξίωμα, n., esteem, repute.
ἀοιδός, singer.
ἀπ-αγγέλλω, report.
ἀπ-αγορεύω, forbid.
ἀπ-άγω, lead away, take off.
ἀπ-αιτέω, ask back.
ἀπ-αλλάσσω or -αλλάττω, set free, relieve; intrans. (perf. ἀπήλλαχα), get or come off; pass. (aor. ἀπηλλάγην), am rid of (gen.), go away.
ἀπ-αντάω, meet (dat.).
ἅπας, all.
ἀπάτη, deceit.
ἀπειλέω, threaten.

ἄπ-ειμι (εἰμί), am away, am absent.
ἄπ-ειμι (εἶμι), go away.
ἄπειρος, inexperienced, unacquainted with (gen.).
ἀπ-ελαύνω, drive away, march away.
ἀπ-ερύκω, keep off, keep away.
ἀπ-έρχομαι, go away, depart.
ἀπ-εχθάνομαι (aor. ἀπηχθόμην), incur hatred (dat.).
ἀπ-έχω, am distant.
ἀπιστέω (dat.), disbelieve, distrust.
ἄπιστος, distrustful.
ἀπό, prep. w. gen., from.
ἀπο-βαίνω (aor. ἀπέβην, perf. ἀποβέβηκα), happen, result, prove true; disembark.
ἀπο-βάλλω, throw away, lose.
ἀπόβασις, f., landing.
ἀπο-βλέπω, look away (from everything else at one), stare.
ἀπο-δείκνυμι, show, prove, appoint.
ἀπο-δέω, lack (gen.).
ἀπο-διδράσκω, run away.
ἀπο-δίδωμι, give back, pay.
ἀπο-θνήσκω, die.
ἀπο-θύω, sacrifice.
ἀπ-οικοδομέω, wall up, barricade.
ἀπ-οκνέω, shrink from (acc.).
ἀπο-κόπτω, cut off.
ἀπο-κρίνομαι, answer.
ἀπο-κρούομαι, repel.
ἀπο-κτείνω, kill.
ἀπο-λαμβάνω, take back, get back, cut off.
ἀπο-λείπω, leave.
ἀπ-όλλυμι (aor. act. ἀπώλεσα, aor. mid. ἀπωλόμην), de-

stroy, lose ; *mid. with perf.
act.* ἀπόλωλα, perish.
ἀπο-λογέομαι, plead in de-
fence.
ἀπο-λύω, acquit.
ἀπο-πέμπω, send away.
ἀπο-πίπτω, fall off.
ἀπο-πλέω, sail away, sail
back.
ἀπορέω, doubt, am perplexed.
ἀπορία, difficulty, perplexity,
want.
ἄπορος, impossible.
ἀπορ-ρίπτω, cast out.
ἀπ-ορχέομαι, lose by dancing,
dance away.
ἀπο-σημαίνω, allude.
ἀπο-σήπομαι (*perf.* ἀποσέσηπα),
lose by mortification.
ἀπο-σπένδω, make a drink-
offering.
ἀπόστασις, *f.*, revolt.
ἀπο-στέλλω (*aor.* ἀπέστειλα),
send.
ἀποστροφή, refuge, resort.
ἀπο-τέμνω (*aor.* ἀπέτεμον), cut
off.
ἀπότομος, precipitous.
ἀπο-τρέπω, *trans.*, turn back ;
mid. intrans., turn back.
ἀπο-φαίνω, prove.
ἀπο-φεύγω, escape.
ἀπο-χώννυμι (*aor.* ἀπέχωσα),
block up.
ἀπο-χωρέω, withdraw, retreat.
ἀπο-ψύχω, die.
ἀπράγμων, unemployed, quiet.
ἄπρακτος, unsuccessful.
ἀπροσδόκητος, unexpected ;
adv. ἀπροσδοκήτως, unex-
pectedly.
ἅπτω, set on fire.

ἀπ-ωθέω (*aor. partic.* ἀπώσας),
push off.
ἀργύριον, money.
ἀργυροῦς, of silver.
ἀρέσκω (*acc. or dat.*), please.
ἀρετή, virtue.
ἀριθμέω, count.
ἀριστάω, have breakfast.
ἀριστερός, *adj.*, left (*hand*).
εἰς ἀριστεράν, to the left.
ἐξ ἀριστερᾶς, on the left.
ἄριστον, breakfast.
ἀριστοποιέομαι, get breakfast.
ἄριστος, *superl. of* ἀγαθός, best.
ἀρκτοῦρος, Arcturus (*the con-
stellation*).
ἄρνειος, of the lamb.
ἄρρην, male.
ἄρτος, loaf.
ἀρχαῖος, ancient.
ἀρχή, beginning, rule, sove-
reignty.
ἀρχηγός, leader.
ἄρχω (*gen.*), command, rule,
begin ; am in command ;
mid., begin (*followed by
infin. or gen.*).
ἄρχων (*pres. partic. of* ἄρχω),
ruler, commander. *At
Athens,* οἱ Ἄρχοντες, Archons
(*the chief magistrates, nine
in number*).
ἀσέβεια, impiety.
ἀσελγής, outrageous.
ἀσέληνος, moonless.
ἀσθένεια, weakness.
ἀσθενής, weak.
ἄσιτος, without food.
ἀσκέω, train.
ἀσκός, wine-skin.
ἀσμενέστατα (*superl. adv. of*
ἄσμενος), most gladly.

ἅσμενος, glad, *to be rendered by the adv.* gladly.

ἀσπάζομαι, embrace.

ἀσπάλαθος, thorn-bush.

ἀσπίς (*st.* ἀσπιδ-), *f.*, shield.

ἀστακτί, *adv.* in floods.

ἀστεῖος, witty.

ἀστραπή, lightning.

ἄστυ, *n.*, city, town.

ἀσφάλεια, safety.

ἀσφαλής, safe.

ἀτιμάζω, dishonour.

ἀτμίζω, steam.

ἀτραπός, *f.*, path.

ἀτριβής, pathless.

αὖ, on the other hand.

αὖθις, again.

αὔλειος, belonging to the court; αὐλ. θύρα, house door.

αὐλέω, play on the flute, play (*generally*, e.g. *on a horn*).

αὐλητής, flute-player.

αὐλητρίς (*st.* αὐλητριδ-) flute-girl.

αὐξάνω, increase (*trans.*); *pass.*,

αὐτίκα, forthwith. [grow.

αὐτόθεν, then and there.

αὐτόθι, there.

αὐτοκράτωρ, independent, plenipotentiary.

αὐτόν, *for* ἑαυτόν, himself (*reflexive*).

αὐτός, -ή, -ό, self; *in oblique cases*, him, her, it; ὁ αὐτός *or* αὐτός, the same.

αὐτοῦ, here, there.

αὐχμός, squalor, dirt.

ἀφ-αιρέω, take away.

ἀφανής, unseen.

ἀφανίζω, hide from sight; *pass.*, disappear.

ἄφθονος, plentiful.

ἀφ-ίημι (*aor. act.* ἀφῆκα, aor. *inf.* ἀφεῖναι), let go, let alone, throw.

ἀφ-ικνέομαι (*aor.* ἀφικόμην, *perf.* ἀφῖγμαι), come.

ἄφιξις, *f.*, arrival.

ἄφλαστα, *plur.*, the stern of a ship (*with its ornaments*).

ἄφρων, out of one's senses.

ἄφωνος, dumb.

ἄχθομαι, am grieved, am vexed.

ἀχρεῖος, useless.

ἄχρηστος, useless.

βάδην, *adv.*, step by step, at a walk.

βαδίζω, walk.

βαίνω (*aor. indic.* ἔβην, *aor. infin.* βῆναι, *perf. indic.* βέβηκα), go.

βαλανεῖον, bath.

βαλλάντιον, purse.

βάλλω (*aor. act.* ἔβαλον, aor. *pass.* ἐβλήθην, *perf. pass.* βέβλημαι), throw, hurl, pelt.

βαρβαρικός, native.

βάρβαρος, barbarian (i.e. *not Greek*).

βάρος, *n.*, weight, weariness.

βαρύνω, weigh down, weary.

βασίλειον *or* βασίλεια (*plur.*), palace.

βασιλεύς, king.

βασιλεύω, reign, am king of (*gen.*).

βεβαίως, surely, certainly.

βέλος, *n.*, missile.

βέλτιον, *compar. adv. of* ἀγαθός, better.

βέλτιστος, *superl. of* ἀγαθός, best.

βῆμα, *n.*, platform.

βία, force; βίᾳ, in spite of (*gen.*).
βιάζομαι, carry by force, force
a way.
βίαιος, violent, overbearing.
βιβάζω (*fut.* βιβῶ, *aor.* ἐβί-
βασα), make to go.
βίος, life.
βιοτεύω, live.
βλέπω, look.
βοάω, call out, cry, shout.
βοή, shout.
βοήθεια, help.
βοηθέω (*dat.*), help, come to the
rescue.
βοηθός, helping, helpful.
βουλεύω, resolve; am a member
of the βουλή (*Council of
Five Hundred at Athens*);
mid., deliberate.
βούλομαι (*imperf.* ἠβουλόμην *or*
ἐβουλόμην), wish.
βοῦς, *c.*, cow, bull, ox.
βραδύς, slow.
βραδύτερον, *compar. adv. of*
βραδύς, slower.
βραχύς, short; *adv.* βραχέως,
shortly.
βροντή, thunder.
βρόχος, noose.
βρῶσις, *f.*, eating.
βωμός, altar.

γαμβρός, brother-in-law.
γαμέω (*fut.* γαμῶ), marry.
γάμος, marriage, wedding;
often in plur.
γάρ, for.
γαστήρ (*st.* γαστερ-, *gen.* γα-
στρός), *f.*, belly.
γε, at least, at any rate.
γελάω (*fut.* γελάσομαι, *aor.*
ἐγέλασα), laugh.

γέλως (*st.* γελωτ-), *m.*, laughter.
γελωτοποιός, buffoon.
γενεά, family, descent.
γένεσις, *f.*, birth.
γενναῖος, noble, high-minded.
γένος, *n.*, family, race, genera-
tion.
γέρρον, oblong shield.
γέρων (*st.* γεροντ-), old man, old.
γεωργέω, work on a farm.
γῆ, land.
γήδιον, plot of land.
γίγνομαι (*fut.* γενήσομαι, *aor.*
ἐγενόμην, *perf.* γέγονα *and*
γεγένημαι), am born, become,
am made, am, happen.
γιγνώσκω (*aor.* ἔγνων, *aor.
partic.* γνούς, *perf.* ἔγνωκα),
learn, understand, know.
γνώμη, mind, opinion, decision.
γνωρίζω, recognize.
γονεύς, parent.
γόνυ (*st.* γονατ-), *n.*, knee,
joint.
γράμμα, *n.*, letter (*of alphabet*);
plur., letter, epistle.
γραφή, writing, document.
γυμνικός, gymnastic, athletic.
γυμνός, naked, unclad.
γυνή (*st.* γυναικ-), woman, wife.

δαιμόνιος, wonderful.
δαίμων (*st.* δαιμον-), *m.*, fate,
destiny.
δάκρυ, *n.*, tear.
δακρύω, weep.
δακτύλιος, ring.
δάκτυλος, finger, toe.
δαρεικός, daric (*a Persian gold
coin*).
δασμός, tribute.
δασύς, bushy.

δέ, but, and.

δεῖ, impers., it is necessary, it is right.

δείδω (perf. partic. δεδιώς), fear.

δείκνυμι, show, point out.

δειλός, cowardly.

δεινός, terrible, strange, alarming; followed by infin., wonderful at, great at.

δειπνέω, dine.

δεῖπνον, dinner.

δειπνοποιέομαι, have dinner.

δέκα, ten.

δεκάκις, ten times.

δέκατος, tenth.

δελφίς (st. δελφιν-), m., dolphin.

δεξιός, adj., right (hand); ἐν δεξιᾷ or ἐκ δεξιᾶς, on the right; εἰς δεξιάν, to the right.

δέομαι (gen.), need, ask.

δέος, n., fear.

δέρμα, n., hide, skin.

δεσμωτήριον, prison.

δεσπότης, master.

δεῦρο, hither.

δευτεραῖος, adj., on the second day.

δεύτερος, second; τὸ δεύτερον, a second time.

δέχομαι, receive.

δέω, bind.

δή, indeed, so, then (giving emphasis, but often not actually translated).

δῆλος, clear, evident.

δηλόω, make clear, tell, state.

δημαγωγός, leading the people; ἀνὴρ δημαγωγός, a popular leader.

δῆμος, people.

δημοσίᾳ, by act of the state, at the public charge.

δημοσιόω, confiscate.

δήπου, of course, I think.

διά, prep. w. acc., on account of, for the sake of; w. gen., through, by means of, at an interval of.

δια-βαίνω, cross.

δια-βάλλω, slander.

διάβασις, f., crossing, passage.

διαβατός, fordable.

δια-βιβάζω, carry across.

διαβολή, charge, slander.

δι-άγω, pass, spend; live.

δια-δίδωμι, distribute.

δια-δικάζω, give judgment.

δια-κινδυνεύω, run all risks.

δια-κλάω, break in pieces.

δια-κομίζω, carry over.

διακονέω, serve.

δια-κόπτω, cut through.

διακόσιοι, two hundred.

δια-κωλύω, prevent.

δια-λαγχάνω, divide by lot.

δια-λέγομαι (aor. διελέχθην), converse (dat.).

διάλυσις, f., breaking up, ending.

δια-λύω, break up, put an end to; pass., disperse.

δι-αμαρτάνω (gen.), miss, fail in.

δια-νοέομαι, purpose, resolve.

διάνοια, purpose, intent.

διάπειρα, experiment.

δια-πέμπω, send across, send about, send round.

δια-πλέω, sail across.

δια-πράσσω or -πράττω, finish, settle.

διαρ-ρίπτω, throw about.

δια-σκεδάννυμι (aor. διεσκέδασα, perf. pass. partic. διεσκεδασμένος), scatter, disband.

δια-σκευάζομαι, prepare, get ready.

δια-σκοπέω, consider well.

δια-τελέω, finish, continue (*often with a partic. attached to it*).

δια-τίθημι, arrange, dispose.

δια-τρίβω, spend time, live, stay.

διαφέρω, differ from (*gen.*).

δια-φεύγω, escape.

δια-φθείρω, ruin, destroy.

διάφορος (*dat.*), at variance with, at enmity with.

δια-φυλάσσω *or* -φυλάττω, keep carefully.

διδάσκαλος, teacher.

διδάσκω, teach.

δίδωμι (*aor. act.* ἔδωκα, *perf. pass.* δέδομαι), offer, give.

δί-ειμι (εἶμι), go through.

δι-είργω, separate.

δι-έξ-ειμι (εἶμι), will relate.

δι-εξ-έρχομαι, go through, recount in full, play to the end.

δι-έρχομαι, go through.

δι-έχω, am apart.

δι-ηγέομαι, relate.

δι-ήκω, go through, go along.

δι-ίστημι, *intrans. tenses*, part, separate.

δίκαιος, just; τὸ δίκαιον, justice.

δικαστήριον, court of justice.

δικαστής, judge.

δίκελλα, mattock, spade.

δίκη, justice, punishment, trial; δίκην δοῦναι, to be punished.

δίκροτος, with two banks of oars manned.

διό, wherefore.

δίοδος, *f.*, thoroughfare.

δι-ορύσσω, dig through.

διότι, because.

δίς, twice.

διφθέρα, leather, hide, leather coat.

δίφρος, seat, couch.

δίχα, *adv.*, at variance, divided.

διψάω, am thirsty.

δίψος, *n.*, thirst.

διώκω, pursue.

δοκέω (*aor.* ἔδοξα), seem, think; *impers.* δοκεῖ, it seems, it seems good, it is determined.

δόκιμος, notable, in high position.

δόλιχος, long course.

δόλος, treachery.

δόξα, expectation.

δοράτιον, short spear.

δόρυ (*st.* δορατ-, *dat.* δορί), *n.*, spear.

δορυφορέω, attend as a bodyguard.

δορυφόρος, spear-bearing, one of a body-guard.

δουλεύω, am a slave.

δοῦλος, slave.

δοῦπος, noise.

δράω, do.

δρόμος, running, race-course.

δύναμαι (*imperf.* ἠδυνάμην *or* ἐδυνάμην, *aor.* ἠδυνήθην *or* ἐδυνήθην), am able.

δύναμις, *f.*, power.

δυνατός, able, powerful; possible. κατὰ τὸ δυνατόν, to the best of one's ability.

δύνω, set.

δύο, two.

δύσθυμος, desponding, melancholy.

δυσμή, *usually in plur.*, setting.

δυσπρόσοδος, difficult of approach.

δυστυχής, unfortunate.

δώδεκα, twelve.

δωμάτιον, bed-room.

δωρέομαι, give.

δῶρον, gift.

ἐάν, if.

ἔαρ (*dat.* ἦρι), *n.*, spring.

ἑαυτόν, himself (*reflexive*).

ἐάω (*imperf.* εἴων), allow.

ἑβδομήκοντα, seventy.

ἕβδομος, seventh.

ἐγείρω, rouse.

ἐγ-κατα-λείπω, leave behind in.

ἐγ-γράφω, write in.

ἐγγύς, *adv. and prep. w. gen.*, near, near to.

ἐγ-καλύπτω, wrap.

ἐγ-κεῖμαι, lie in.

ἐγ-κρούω, hammer in.

ἐγχειρίδιον, dagger.

ἐγ-χωρέω, give room ; *impers.* ἐγχωρεῖ, there is time, it is possible.

ἐγώ, I.

ἔγωγε, I at least.

ἔδαφος, *n.*, base, level of the ground.

ἐδώλια, *plur.*, rowing benches.

ἐθελοντής, volunteer.

ἐθέλω (*aor.* ἠθέλησα), wish, am willing.

ἔθνος, *n.*, nation.

ἔθος, *n.*, habit.

εἰ, if.

εἶδον (*used as aor. of* ὁράω), saw.

εἰκάζω, conjecture, infer.

εἴκοσι, twenty.

εἰκότως, reasonably, naturally.

εἰκών (*st.* εἰκον-), *f.*, portrait.

εἰμί, am.

εἶμι (*imperf.* ᾖειν, *imperat.* ἴθι), go (*pres. indic. having a fut. sense*).

εἴπερ, if indeed.

εἶπον (*used as aor. of* λέγω), said, spoke, ordered (*dat.*).

εἴργω, repel, drive back, stop from.

εἰρεσία, rowing, beating (*of wings*).

εἴρημαι (*used as perf. pass. of* λέγω), have been said.

εἰρήνη, peace.

εἰς *or* ἐς, to, into, for.

εἷς, μία, ἕν, one.

εἰσ-άγω, bring in.

εἰσαεί, for ever.

εἰσ-ακοντίζω, hurl javelins.

εἰσ-βαίνω, embark.

εἰσ-βιβάζω, put on board.

εἴσ-ειμι, go in.

εἰσ-έρχομαι, come in, go in.

εἰσ-κομίζω, introduce.

εἰσ-νέω, swim to.

εἴσοδος, *f.*, way in, entrance.

εἴσομαι (*fut. of* οἶδα), shall know.

εἰσ-πίπτω, fall into, rush into.

εἴσπλους, sailing in, entrance of a harbour.

εἰσ-φέρω, bring in.

εἶτα, then, next.

εἴτε . . . εἴτε, whether . . . or.

εἴωθα, am accustomed.

ἐκ, (*before a vowel*) ἐξ, *prep. w. gen.*, out of, from, in consequence of.

ἕκαστος, each.

ἑκάστοτε, on each occasion, at any time.

ἑκάτερος, each of two.

ἑκατέρωθεν, on both sides of.

ἑκατόμβη, hecatomb, offering of a hundred beasts.

ἑκατόν, a hundred.

ἐκ-βαίνω, go out, disembark.

ἐκ-βάλλω, cast out.

ἔκγονον, offspring, young.

ἐκ-δέρω, scourge.

ἔκδυσις, f., way out.

ἐκεῖ, there.

ἐκεῖθεν, thence.

ἐκεῖνος, -η, -o, he, she, it; that.

ἐκεῖσε, thither.

ἐκκαίδεκα, sixteen.

ἐκκλησία, meeting, assembly; especially, at Athens, the assembly of the whole body of citizens for legislation.

ἐκ-κολάπτω, erase.

ἐκ-κομίζω, carry out (to safety).

ἐκ-λέγω, choose.

ἐκ-λείπω, leave, abandon.

ἐκ-πέμπω, send out.

ἐκ-πηδάω, jump out.

ἐκ-πίνω, drink to the end, drain.

ἐκ-πλέω, sail out.

ἐκ-πλήσσω, scare, frighten.

ἔκπλους, passage out, outlet (from a harbour).

ἐκ-πολιορκέω, take by siege or blockade, force to surrender.

ἐκ-τείνω, stretch out, prolong.

ἐκ-τυφλόω, blind.

ἐκ-φέρω, carry out, carry to land.

ἐκ-χέω, pour out.

ἑκών, willing.

ἔλαιον, olive oil.

ἐλάσσων or ἐλάττων, less, smaller; plur. fewer.

ἐλαύνω (aor. ἤλασα), drive, drive on.

ἐλαφρῶς, nimbly.

ἐλεγεῖον, couplet (hexameter and pentameter).

ἐλέγχω, refute, convict, prove.

ἐλευθερία, freedom.

ἐλευθέριος, -ον, noble.

ἐλεύθερος, free.

ἐλευθερόω, make free, free.

ἐλευθέρωσις, f., freeing, freedom.

ἕλκω (aor. εἵλκυσα), drag, haul.

ἑλληνίζω, speak Greek.

ἐλπίζω, hope, expect.

ἐλπίς (st. ἐλπιδ-), f., hope, expectation.

ἐμ-βάλλω, trans., throw in, thrust in, lay on, inflict; intrans., enter (as an enemy), run against, ram (of ships), flow into.

ἐμέω, am sick.

ἐμμένω, abide by (dat.).

ἐμός, my.

ἐμ-πίπρημι (aor. ἐνέπρησα), set on fire, burn.

ἐμ-πίπτω, fall on (dat.).

ἔμπνους, alive.

ἐμποδών, adv., in the way.

ἔμπροσθεν, adv. and prep. w. gen., in front, in front of.

ἐμ-φράσσω or ἐμφράττω, block up.

ἐν, prep. w. dat., in, on.

ἐν-άγω, incite.

ἔναιμος, having blood.

ἐναντίος, opposite, adverse.

ἔνατος, ninth.

ἕνδεκα, eleven.

ἐν-διαιτάομαι, live in.
ἐν-δίδωμι, allow, concede, give in, yield to.
ἔνδον, within, at home.
ἐν-δύω (aor. partic. ἐνδύς), put on; mid., wear, am dressed in.
ἔν-ειμι, am in.
ἕνεκα, prep. w. gen., on account of, as regards.
ἐνενήκοντα, ninety.
ἐνενηκοστός, ninetieth.
ἐνεός, deaf and dumb.
ἔνεργος, active.
ἐν-έχω, hold fast.
ἔνθα, there, thereupon.
ἔνθαπερ, where.
ἐνθένδε, hence.
ἐν-θυμέομαι, lay to heart, reflect.
ἐνίοτε, sometimes.
ἐννέα, nine.
ἐν-νοέω, consider, reflect.
ἐν-οχλέω, trouble, annoy.
ἐνταῦθα, there, thereupon.
ἐν-τέλλω, enjoin, command.
ἐντεῦθεν, thence, thereupon.
ἐντός, adv. and prep. w. gen., within.
ἐξ, see ἐκ.
ἕξ, six.
ἐξ-αγγέλλω, report.
ἐξ-άγω, lead out, bring out.
ἐξαιρετός, removable.
ἐξαίρετος, excepted, exceptional.
ἐξαίφνης, suddenly.
ἐξακισχίλιοι, six thousand.
ἐξακόσιοι, six hundred.
ἐξ-άλλομαι (aor. ἐξηλάμην), leap away, leap aside.
ἐξ-ανα-χωρέω, back out of (acc.).

ἐξ-απατάω, deceive.
ἐξαπίνης, suddenly.
ἐξ-αρνέομαι, deny.
ἔξ-ειμι, go out.
ἐξ-ελαύνω, drive out, drive away.
ἐξ-εργάζομαι, complete.
ἐξ-έρχομαι, go out.
ἔξ-εστι, impers., it is allowed.
ἐξ-ευρίσκω, find.
ἐξ-ηγέομαι, explain, relate.
ἑξήκοντα, sixty.
ἐξ-ισόω, make equal.
ἔξοδος, f., way out.
ἔξω, adv. and prep. w. gen., outside; τὰ ἔξω, the outside.
ἔξωθεν, from without, outside.
ἔοικα (pluperf. ἐῴκη), seem, am like (dat.); impers., it seems.
ἑορτάζω, keep festival, keep holiday.
ἐπ-αγγέλλω, announce, command; mid., offer, promise.
ἐπ-άγω, call in, lead on; mid., call in (as allies).
ἐπ-αινέω, praise.
ἐπ-αίρω, lift up, incite, encourage.
ἐπ-αισχύνομαι, am ashamed.
ἔπαλξις, f., battlement.
ἐπάναγκες, adv., by necessity.
ἐπ-ανα-φέρω, bring back.
ἐπεί, when, since.
ἐπείγω, urge on; mid., hasten, hurry.
ἐπειδάν, when, whenever.
ἐπειδή, when, since.
ἔπ-ειμι (εἰμί), am on.
ἔπ-ειμι (εἶμι), advance, come on, follow; attack (dat.).

ἔπειτα, then, afterwards.

ἐπ-έρχομαι, attack (acc. or dat.).

ἐπ-ερωτάω, ask.

ἐπερώτησις, f., question.

ἐπ-έχω, trans. and intrans., stop, stay, wait.

ἐπ-ηρόμην (aor. without Attic present), ask further.

ἐπί, prep. w. acc., to, on to, against, for; gen., on, towards, in the time of; dat., on, at, for the purpose of, after, on condition of.

ἐπι-βαίνω (gen.), go on, set foot on.

ἐπι-βάλλω, throw on, strike against.

ἐπι-βιβάζω, put on board.

ἐπι-βοάω, call upon.

ἐπι-βοηθέω, come in support.

ἐπιβολή, layer.

ἐπι-βουλεύω, plot, plan.

ἐπι-γίγνομαι, am born after, follow, fall upon.

ἐπι-γράφω, inscribe; also mid.

ἐπι-δίδωμι, give readily.

ἐπιεικής, fit, capable.

ἐπι-θυμέω, desire (gen.).

ἐπι-καλέω, appeal to; mid., invite, summon.

ἐπί-κειμαι (dat.), lie off, press upon, assail.

ἐπι-κηρυκεύομαι, send message by a herald.

ἐπικουρία, help.

ἐπι-κρατέω (gen.), become master of, take.

ἐπι-κύπτω, stoop down.

ἐπι-λαμβάνω, take besides, seize, surprise; mid., lay hold of (gen.).

ἐπι-λανθάνομαι (perf. partic. ἐπιλελησμένος), forget (gen.).

ἐπι-λείπω, fail.

ἐπίμαχος, assailable.

ἐπι-μελέομαι (gen.), have charge of, take care of, manage.

ἐπίνειον, port.

ἐπι-νοέω, devise.

ἐπίορκος, perjurer.

ἐπι-πίπτω, fall on, fall.

ἐπι-πλέω, sail against.

ἐπίπλους, sailing against, attack.

ἐπίπονος, troublesome, wearisome.

ἐπι-σκευάζω, repair.

ἐπι-σκοπέω, investigate.

ἐπι-σπέρχω, urge on.

ἐπίσταμαι (imperf. ἠπιστάμην), know, understand, am acquainted with; followed by infin., know how

ἐπιστάτης, chairman.

ἐπι-στέλλω, enjoin, command.

ἐπιστήμων, acquainted with (gen.).

ἐπιστολή, letter.

ἐπι-στρατεύω, march against (dat.).

ἐπ-ίσχω, hinder.

ἐπι-τάσσω or -τάττω, station next.

ἐπι-τελέω, fulfil, perform.

ἐπιτήδειος, suitable, friendly; τὰ ἐπιτήδεια, supplies.

ἐπι-τίθημι, put on; mid., attack.

ἐπιτολή, in plur., rising (of a constellation).

ἐπι-τρέπω, entrust.

ἐπι-τρέχω (dat.), run upon charge.

ἐπι-τρίβω, crush, smash.
ἐπίτροπος, governor.
ἐπι-φαίνω, display; mid. and pass., appear.
ἐπιφανής, manifest.
ἐπι-φέρω, bring upon; mid. (dat.), charge, attack.
ἐπι-χειρέω (dat.), lay hand on, attempt, aim at; with infin., try.
ἐπι-ψηφίζω, put a question to the vote.
ἕπομαι (imperf. εἱπόμην), follow (dat.).
ἐπ-όμνυμι, swear accordingly.
ἐπριάμην (used as aor. of ὠνέομαι), bought.
ἑπτά, seven.
ἑπτακαίδεκα, seventeen.
ἔρανος, loan.
ἐργάζομαι, work at, earn, construct.
ἐργάτης, workman, doer.
ἔργον, work.
ἐρείδω, lean, plant, support.
ἐρέτης, rower.
ἐρημία, want of inhabitants.
ἐρῆμος, -η, -ον, or ἔρημος, -ον, lonely, desolate, undefended.
ἐρίφειος, of the kid.
ἑρμηνεύς, interpreter.
ἔρομαι, ask.
ἐρρωμένος, vigorous.
ἐρυθρός, red.
ἔρυμα, n., fort.
ἔρχομαι (aor. ἦλθον, perf. ἐλήλυθα), come, go.
ἐρῶ (used as fut. of λέγω), shall say.
ἐρωτάω, ask.
ἐς and its compounds; see εἰς and its compounds.

ἐσθής (st. ἐσθητ-), f., dress.
ἐσθίω (aor. ἔφαγον, perf. ἐδήδοκα), eat.
ἑσπέρα, evening.
ἑστιάω, entertain.
ἔσχατος, furthest, uttermost, worst.
ἑταῖρος, companion, comrade.
ἕτερος, other, different; ὁ ἕτερος, the other; ἕτερος . . . ἕτερος, one . . . another.
ἔτι, yet, still; after negatives, any longer.
ἕτοιμος, -ον, ready, assured.
ἔτος, n., year.
εὖ, well.
εὐαγγελίζομαι, bring good news.
εὐαπόβατος, easy to land on.
εὐδαιμονία, prosperity, happiness.
εὐδαίμων, fortunate, prosperous, happy.
εὐδία, clear weather.
εὐδοκιμέω, am famous.
εὐεργεσία, good service, reward.
εὐεργετέω, help, show kindness.
εὐεργετητέον, verbal adj. impers., one must help.
εὔζωνος, well-girdled, in light array.
εὐθύς, adj., straight; adv. εὐθύς and εὐθέως, straightway, immediately.
εὐνή, bed.
εὔνοια, kindness, good-will.
εὐορκέω, keep an oath.
εὐπάθεια, enjoyment, delight.
εὐπορία, plenty, abundance.
εὐπρεπής, comely, seemly.
εὑρίσκω (aor. act. εὗρον, perf.

act. εὕρηκα, aor. pass. εὑρέθην), find.

εὐρύς, wide.

εὐτυχής, fortunate.

εὐφημία, use of words of good omen.

εὐχή, prayer, vow.

εὔχομαι, pray, vow.

εὐώνυμος, left.

εὐωχέω, entertain; mid., feast.

ἐφ-έλκω, drag after.

ἐφεξῆς, in order, in succession.

ἐφήμερος, short-lived.

ἐφ-ίημι, throw at, send against; mid. (gen.), long for, desire.

ἐφ-ίστημι, trans. tenses, set on, set over; intrans. tenses, stop, halt.

ἐφόδιον, supply for travelling.

ἔφοδος, f., attack.

ἐφ-ορμέω, blockade (by sea).

ἔφορος, overseer, ruler; at Sparta οἱ Ἔφοροι, the Ephors, a body of five magistrates, who formed the government and controlled even the kings.

ἔχω (imperf. εἶχον, aor. ἔσχον), have, hold; followed by infin., am able; with adverbs, am; mid., am close to (gen.).

ἔωθεν, at early dawn.

ἕως, f., dawn.

ἕως, conj., until, while.

ζάω, live.

ζήλωσις, f., imitation.

ζημιόω, punish.

ζητέω, seek.

ζωγραφέω, paint.

ζωγρέω, take prisoner.

ζωμός, soup, broth.

ζῷον, animal.

ἤ, or, than.

ᾗ, where.

ἥβη, manhood.

ἡγεμονία, leadership.

ἡγεμών (st. ἡγεμον-), guide, leader.

ἡγέομαι, lead (gen.), think.

ἡδέως, gladly; compar. ἥδιον, more gladly, more readily.

ἤδη, already.

ἥδιστος, superl. of ἡδύς, most pleasant.

ἥδομαι (aor. ἥσθην), am glad, am pleased.

ἡδονή, pleasure.

ἥκιστα, adv. least; οὐχ ἥκιστα, more than all.

ἥκω, have come, come back.

ἡλικία, manhood, military age.

ἥλιος, sun.

ἧλος, nail.

ἡμέρα, day.

ἡμεροδρόμος, courier.

ἡμέτερος, our.

ἡμίονος, mule.

ἥμισυς, adj., half; τὸ ἥμισυ, the half.

ἤν, if.

ἤπειρος, f., mainland.

ἡρῷον, chapel.

ἧσσον or ἧττον, adv., less.

ἡσυχάζω, keep quiet, make no movement.

ἡσυχία, rest, quiet; ἡσυχίαν ἄγω, am at peace, keep still.

ἥσυχος, quiet, still.

θαλαμιός, rower of the lowest bench.

θάλασσα or θάλαττα, sea.
θαλάσσιος or θαλάττιος, belonging to the sea, of the sea.
θάνατος, death.
θάπτω, bury.
θαρραλέως, boldly.
θαρσέω or θαρρέω, have confidence.
θαῦμα, n., marvel, wonder.
θαυμάζω, wonder, wonder at, admire.
θαυμάσιος, wonderful, strange, excellent.
θαυμαστός, wonderful, remarkable.
θέα, sight.
θεάομαι, behold, gaze at.
θεατής, spectator.
θεῖος, divine.
θεμέλιος, foundation.
θεός, god.
θεοφιλής, loved by the gods.
θεραπευτέον, verbal adj. impers., one must do service to, serve, worship.
θεραπεύω, serve.
θεράπων (st. θεραποντ-), servant.
θέρος, n., summer.
θέω, run.
θεωρέω, gaze at, contemplate.
θηράω, hunt.
θηρίον, beast, wild animal.
θησαυρίζω, store.
θησαυρός, treasure.
θνήσκω (fut. θανοῦμαι, aor. ἔθανον, perf. indic. τέθνηκα, perf. infin. τεθνάναι), die.
θνητός, mortal.
θορυβέω, trans., trouble, confuse; intrans., clamour.
θόρυβος, noise.

θρόνος, throne.
θυγάτηρ (st. θυγατερ-), daughter.
θῦμα, n., sacrifice.
θύρα, door.
θυρωρός, porter.
θυσία, sacrifice.
θύω, sacrifice.
θώραξ (st. θωρακ-), m., breastplate.

ἰατρός, doctor.
ἴδιος private, personal; adv. ἰδίᾳ, privately.
ἰδιώτης, private person.
ἱδρώς (st. ἱδρωτ-), m., sweat.
ἱερεύς, priest.
ἱερόν, temple.
ἱερός, sacred.
ἱερόσυλος, temple-robber.
ἵημι (aor. ἧκα), send, throw; mid., hasten.
ἱκανός, sufficient, competent; adv. ἱκανῶς, sufficiently.
ἵλεως, gracious, kind.
ἱμάτιον, cloak; plur., clothes.
ἵνα, conj., in order that; adv., where.
ἰού, oh!
ἱππεύς, horseman.
ἱππεύω, ride.
ἱππικός, belonging to a horse; τὸ ἱππικόν, cavalry.
ἵππος, m., horse, f., cavalry.
ἶρις (st. ἰριδ-), f., rainbow.
ἴσος, equal.
ἰσοπλατής, equal in breadth.
ἰσοχειλής, level with the brim.
ἰσόψηφος, having an equal vote with (dat.).
ἵστημι, trans. tenses (fut. στήσω, aor. ἔστησα), set, set up,

place; *intrans. tenses* (*aor.*
ἔστην, *perf.* ἕστηκα, *perf.*
partic. ἑστώς), *and mid.*,
stand.

ἰσχυρός, strong, powerful;
adv. ἰσχυρῶς, very, exceed-
ingly.

καθ-αγίζω, offer, dedicate.
καθ-αιρέω, destroy.
καθάπερ, just as, as if.
καθαρεύω, am pure, am clean.
καθαρός, pure, clear.
καθαρότης (*st.* καθαροτητ-), *f.*,
purity.
καθ-έλκω, launch.
καθ-εύδω, sleep.
κάθ-ημαι (*imperf.* ἐκαθήμην),
sit.
καθ-ίζω, sit down.
καθ-ίημι (*aor. infin.* καθεῖναι),
send down, restore.
καθ-ίστημι, *trans. tenses*, place,
appoint; *with* εἰς, put into
or to; *intrans. tenses,* am
set, am established, get into
(*a condition*); καθεστηκώς,
regular, established.
καθ-οράω (*aor.* κατεῖδον), look
down upon, see, observe.
καί, and, even, also; καί...καί,
both ... and.
καινός, new.
καίπερ, although (*with parti-
ciples*).
καίω (*aor. act.* ἔκαυσα, *aor.*
pass. ἐκαύθην, *perf. pass.*
κέκαυμαι), burn.
κακία, vice.
κάκιστος, *superl. of* κακός.
κακοπαθέω, suffer, am in dis-
tress.

κακός, bad; *adv.* κακῶς, badly;
κακῶς ποιέω, injure.
κακόω, hurt, injure.
κάλαμος, straw.
καλέω (*aor. act.* ἐκάλεσα, *aor.*
pass. ἐκλήθην), call, name,
invite.
κάλλιον, *compar. adv. of* καλῶς,
better.
καλλωπίζω, beautify, paint.
καλός, beautiful, honourable,
good, favourable (*of sacri-
fices*), *adv.* καλῶς, well.
καλώδιον, cord.
κάμηλος, *f.*, camel.
κάμνω, am wearied, am ill.
καρτερέω, am firm, am patient.
καρτερός, strong, severe; *adv.*
καρτερῶς, stoutly, bravely.
κάρυον, nut.
κατά, *prep. w.* acc., at, by
(*land*, &c.), off, throughout,
according to; *gen.*, down
from, against.
κατα-βαίνω, come down, go
down.
κατα-βάλλω, throw down.
κατα-βιβάζω, bring down.
κατάγειος, underground.
κατ-άγνυμι, break, shatter.
καταδεής (*gen.*), lacking, want-
ing.
κατα-δουλόω, enslave.
κατα-δύω, sink.
κατα-θύω, sacrifice.
κατα-καίω, burn.
κατά-κειμαι, lie down.
κατα-κλείω, shut up.
κατα-κλίνω (*aor. pass.* κατε-
κλίθην), lay down; *pass.*, lie
down.
κατακλυσμός, flood.

κατα-κοιμάω, put to sleep.
κατα-κολυμβάω, dive down.
κατα-κρεμάννυμι (aor. κατεκρέμασα), hang.
κατα-κυλίνδω (aor. pass. κατεκυλίσθην), roll down.
κατα-λαμβάνω, seize, overtake, come upon, surprise, check.
κατα-λείπω, leave behind, leave.
κατα-λύω, overthrow.
κατα-μανθάνω, learn.
κατα-νοέω, perceive, learn.
κατα-παύω, put down, put an end to.
κατα-πηδάω, leap down.
κατα-πίνω, drink down.
κατα-πίπτω, fall down.
κατα-πλέω, sail to land.
κατ-αράομαι, curse.
κατάρατος, accursed.
κατα-σβέννυμι, quench.
κατα-σκάπτω, dig down, raze to the ground.
κατα-σκευάζω, furnish, establish.
κατάσκοπος, commissioner.
κατα-στρέφομαι, subdue.
κατα-φέρω, bring down, bring to land.
κατα-φεύγω, flee for refuge.
κατα-φρονέω, despise (gen.).
κατα-ψηφίζομαι, condemn (gen.).
κάτ-ειμι, go down, return home.
κατ-έρχομαι, go down.
κατ-εσθίω, eat.
κατ-έχω, hold back, restrain, seize, stay, stop.
κατ-ηγορέω (acc. and gen.), accuse of, charge with.
κατηγορία, accusation.

κατόπιν, behind.
κάτω, below.
κεῖμαι, lie, am stored up.
κελεύω, order, command, bid.
κενός, empty, unencumbered.
κεραμίς (st. κεραμιδ-), f., tile.
κέραμος, tile.
κεράννυμι (aor. ἐκέρασα), mix.
κέρας (gen. κέρως), n., horn, wing.
κεραυνός, thunderbolt.
κερδαίνω, gain.
κεφαλή, head.
κηρίον, honeycomb.
κήρυγμα, n., proclamation.
κῆρυξ (st. κηρυκ-), herald.
κιβώτιον, small chest, ark.
κιβωτός, f., chest.
κιθάρα, harp.
κιθαρῳδός, harper.
κίνδυνος, danger.
κίων (st. κιον-), m., pillar.
κλαίω, weep.
κλείς (st. κλειδ-), f., key.
κλείω, shut.
κλέπτης, thief.
κλέπτω, steal.
κλῆρος, lot.
κλήω, see κλείω.
κλῖμαξ (st. κλιμακ-), f., ladder.
κλίνη, bed.
κνάπτω, card.
κνῖσα, savour.
κοιμάω, put to sleep; pass., fall asleep.
κοινός, shared in common, common; κοινὸς τοῖχος, partition wall; adv. κοινῇ, in concert, together.
κολάζω, punish.
κόλαξ (st. κολακ-), flatterer.
κόλπος, bosom, lap, pocket.

κολυμβητής, diver.
κομίζω, bring, carry, recover;
   mid., receive.
κονιορτός, dust, cloud of dust.
κόνις, *f.*, dust.
κόπτω, strike, smite, cut; *mid.*,
   strike the breast, lament.
κόραξ (*st.* κορακ-), *m.*, crow.
κόρη, girl.
κουφολογία, idle talk.
κρατέω (*acc. or gen.*), over-
   come, conquer.
κρατήρ (*st.* κρατηρ-), *m.*, bowl.
κράτιστος, best.
κράτος, *n.*, strength, might;
   κατὰ κράτος, in full force.
κραυγή, shout.
κρέας, *n.* (*plur.* κρέα), flesh.
κρημνός, crag, cliff.
κρήνη, spring (*of water*).
κριθή, barley.
κρίθινος, made of barley.
κρίνω, judge, pass judgment
   on.
κρούω, strike.
κρύφα, *adv.*, secretly; *prep. w.*
   gen., without the knowledge
   of.
κτάομαι, acquire; *perf.* κέκτη-
   μαι, possess.
κτείνω, kill.
κτήνη, *n. plur.*, cattle.
κυβερνάω, act as pilot.
κυβερνήτης, pilot.
κύκλος, circle.
κύκνος, swan.
κυλινδέω, roll.
κύλιξ (*st.* κυλικ-), *f.* cup.
κυλιούχιον, side-board.
κυνῆ, helmet.
κυνηγετέω, hunt.
κυρόω, ratify.

κύων (*st.* κυν-), *c.*, dog.
κωλύω, prevent, hinder.
κωμάρχης, chief of a village,
   headman.
κώμη, village.
κωμήτης, villager.

λαγχάνω (*fut.* λήξομαι, *aor.*
   ἔλαχον, *perf.* εἴληχα), get by
   lot.
λαγώς, *m.*, hare.
λαλέω, speak, talk.
λάλος, talkative.
λαμβάνω (*aor. act.* ἔλαβον,
   perf. εἴληφα, *aor. pass.*
   ἐλήφθην), take, seize; *mid.*
   (*gen.*), get hold of, take to.
λαμπάς (*st.* λαμπαδ-), *f.*, torch.
λαμπρός, bright, clear, illus-
   trious; *adv.* λαμπρῶς, mag-
   nificently.
λανθάνω (*aor.* ἔλαθον), escape
   notice of (*acc.*); *with partic.*,
   do a thing unobserved.
λέγω, say, mean.
λειμών (*st.* λειμων-), *m.*,
   meadow.
λειποψυχέω, swoon.
λείπω (*aor.* ἔλιπον), leave, leave
   behind.
λευκός, white.
λέων (*st.* λεοντ-), *m.*, lion.
λήζομαι, plunder.
λήθη, forgetfulness.
λίθινος, of stone.
λίθος, stone.
λιμήν (*st.* λιμεν-), *m.*, harbour.
λιμός, hunger, famine.
λογίζομαι, reason.
λογισμός, reckoning.
λογοποιός, newsmaker.

λόγος, word, talk, story, account, mention, calculation; *plur.*, conference.

λόγχη, spear.

λοιδορέω, abuse, revile, rail at.

λοιπός, remaining (rest of); εἰς τὸ λοιπόν *or* τὸ λοιπόν, for the future.

λούω, wash.

λόφος, hill.

λοχαγός, captain.

λύκος, wolf.

λύμη, insult.

λύπη, grief.

λυσιτελεῖ, *impers.*, it profits (*dat.*).

λύχνος, lamp.

λύω, loose, unfasten.

μά, *with acc. in oaths*, by.

μαίνομαι (*aor.* ἐμάνην), am mad.

μακρός, long; διὰ μακροῦ, after a long time.

μάλα, very; *compar.* μᾶλλον, more, rather; *superl.* μάλιστα, very much, especially; about (*of numbers*).

μανθάνω (*aor.* ἔμαθον), learn, understand.

μανιώδης, crazy, mad.

μαντεῖον, prophecy (*of an oracle*).

μαντεύομαι, ask, consult (*an oracle*).

μαντική, prophecy.

μάρτυς (*st.* μαρτυρ-), *c.*, witness.

μαστιγόω, scourge.

μάχη, battle.

μάχομαι (*aor.* ἐμαχεσάμην), fight.

μέγας, great, large, loud.

μέγεθος, *n.*, greatness, size, violence.

μεθύσκω (*aor. pass.* ἐμεθύσθην), intoxicate.

μεθύω, am drunk.

μειδιάω, smile.

μείζων, *compar. of* μέγας.

μέλας, black.

μέλι (*st.* μελιτ-), *n.*, honey.

μέλλω, am about to (*followed by pres. or fut. infin.*); delay.

μέμφομαι, blame (*dat.*).

μεμψίμοιρος, grumbler.

μέν, indeed, on the one hand (*usually followed by δέ to mark a contrast*).

μέντοι, however.

μένω, remain.

μερίς (*st.* μεριδ-), *f.*, portion.

μέρος, *n.*, part.

μεσόγαια, interior (*of a country*).

μέσος, *adj.*, middle; τὸ μέσον, midst, middle.

μεστός, full.

μετά, *prep. w. acc.*, after; *gen.*, with, in concert with.

μετα-γιγνώσκω, change mind about, repent of.

μετάγνωσις, *f.*, change of purpose.

μετα-μέλομαι, repent.

μεταξύ, *adv. and prep. w. gen.*, between; τὸ μεταξύ, the intervening ground.

μετα-πέμπομαι, send for.

μεταπύργιον, space between two towers.

μέτ-ειμι, go after, go to get.

μετοίκησις, *f.*, change of abode.

μέτριος, moderate, just sufficient.

μέτρον, measure.

μέχρι, prep. w. gen., as far as.

μή, not, lest; used also as an interrogative, equivalent to Latin num.

μηδαμῶς, by no means.

μηδέ, nor, not even.

μηδείς, μηδεμία, μηδέν, no, none; n., nothing; adv. μηδέν, in no way.

μήκων (st. μηκων-), f., poppy-head.

μῆλον, apple.

μήν, truly, indeed.

μηνυτής, informer.

μηρία, plur., thigh-bones (wrapped in slices of fat for sacrifice).

μηρός, thigh.

μήτηρ (st. μητερ-, gen. μητρός), mother.

μηχανάομαι, contrive, devise, plan.

μηχανή, contrivance, device.

μικρός, small.

μιμέομαι, imitate.

μίμησις, f., imitation.

μιμνήσκω, remind; pass. (aor. ἐμνήσθην, perf. μέμνημαι), remember (gen.).

μισάνθρωπος, hater of men, misanthrope.

μισέω, hate.

μισθός, reward (in good or bad sense).

μισθοφορέω, earn wages.

μισθόω, let on hire; mid., hire.

μισθωτός, hired.

μνᾶ, mina (about £4).

μνῆμα, n., monument.

μνήμη, memory.

μνημονεύω, call to mind.

μνημόσυνον, memorial.

μνηστήρ (st. μνηστηρ-), suitor.

μόγις, adv. with difficulty.

μοῖρα, fate.

μόλις, adv., hardly, scarcely, with difficulty.

μοναρχία, sovereignty.

μονογενής, only begotten.

μονόκροτος, with one bank of oars manned.

μόνος, only, alone; adv. μόνον, only; μόνον οὐ, nearly.

μόσχειος, of the calf.

μουσική, music.

μοχλός, bolt.

μύζω, suck.

μυθολογέω, tell as a legend.

μυκάομαι, bellow.

νάπη, glen.

ναυαγία, shipwreck.

ναυαγός, shipwrecked.

ναυμαχέω, fight at sea.

ναυμαχία, sea-fight.

ναῦς, f., ship.

ναύτης, sailor.

νεανίας, youth.

νεανικός, vigorous.

νεκρός, corpse.

νέμω, distribute, divide; mid., possess, inhabit.

νεόπλουτος, newly rich.

νέος, new, young.

νεόττιον, chick.

νεῦμα, n., nod, signal.

νεύω, nod.

νέφος, n., cloud.

νέω, swim.

νεώς, m., temple.

νεωστί, lately.

νεωτερίζω, do violence.

νή, with acc. in oaths, by.

νῆσος, f., island.

νικάω, conquer.
νομίζω, think.
νόμος, custom, law; tune, strain.
νοσέω, am ill.
νοτερός, rainy.
νοῦς, mind; ἐν νῷ ἔχω, intend.
νυκτερεύω, pass the night.
νῦν, now.
νύξ (st. νυκτ-), f., night.
νῶτον, back, rear.

ξένια, n. plur., friendly gifts.
ξενικός, foreign, consisting of foreigners.
ξηρός, dry.
ξιφίδιον, dagger.
ξύλον, wood.
ξυρέω, shave.

ὁ, ἡ, τό, the; pron. with μέν or δέ, he, she, it; ὁ μέν... ὁ δέ, the one ... the other.
ὀγδοήκοντα, eighty.
ὄγδοος, eighth.
ὅδε, ἥδε, τόδε, this, the following.
ὁδός, f., way, road.
ὀδύρομαι, mourn.
ὅθεν, whence.
οἱ, dat. of reflexive pron., to him, to her; plur. σφεῖς, σφᾶς, σφῶν, σφίσι.
οἶδα (fut. εἴσομαι, pluperf. ᾔδη, infin. εἰδέναι), know.
οἴκαδε, homewards, home.
οἰκεῖος, intimate.
οἰκέτης, slave.
οἰκέω, dwell, inhabit.
οἴκημα, n., room; plur. barracks.
οἰκήτωρ (st. οἰκητορ-), inhabitant.

οἰκία, house.
οἰκοδομέω, build.
οἰκοδόμημα, n., building.
οἰκοδόμησις, f., construction.
οἰκοδόμος, builder.
οἴκοθεν, from home.
οἴκοι, at home.
οἶκος, house, home.
οἴμοι, oh! woe is me.
οἰμωγή, cry, wailing.
οἰμώζω (fut. οἰμώξομαι), lament, cry out.
οἰνάριον, poor wine.
οἶνος, wine.
οἰνοχόος, cup-bearer.
οἴομαι or οἶμαι (aor. ᾠήθην), think.
οἶος, such as, of what sort; οἷός τε εἰμί, am the man to, am able to (followed by infin.).
οἶς, c., sheep.
οἴχομαι, am gone.
ὀκέλλω, run aground.
ὀκτακόσιοι, eight hundred.
ὀκτώ, eight.
ὄλβιος, happy.
ὄλβος, happiness, prosperity.
ὄλεθρος, destruction.
ὀλίγος, little; plur. few; adv. ὀλίγον, a little; δι' ὀλίγου, after a little.
ὀλιγωρία, scorn, slighting; ἐν ὀλιγωρίᾳ ποιοῦμαι, disregard.
ὀλιγώρως, carelessly.
ὄλλυμι (aor. ὤλεσα), destroy.
ὅλος, whole.
ὄμβρος, rain-storm.
ὄμμα, n., eye.
ὄμνυμι (aor. ὤμοσα, perf. ὀμώμοκα), swear.

ὁμόδουλος, fellow-servant.
ὅμοιος (dat.), like.
ὁμολογέω, agree, admit.
ὁμόφυλος, of the same people.
ὅμως, nevertheless.
ὀνειδίζω, reproach (acc. and dat.).
ὄνειρος, dream.
ὄνομα, n., name.
ὀνομάζω, name.
ὀνομαστί, adv., by name.
ὄνος, ass.
ὅπη, in what way, by what way. how.
ὄπισθεν, adv. and prep. w. gen., behind.
ὀπισθοφύλαξ, soldier of the rear-guard.
ὀπίσω, back.
ὅπλα, n. plur., arms.
ὁπλίτης, hoplite, heavy-armed foot soldier.
ὁπόστος, in what order.
ὁπόταν, whenever (with subj.).
ὁπότε, whenever.
ὁπότερος, which of the two.
ὅπου, where.
ὅπως, how, that, so that.
ὁράω (fut. ὄψομαι, imperf. ἑώρων, aor. εἶδον), see.
ὀργή, anger.
ὀργίζομαι, am angry.
ὀρέγω, hold out.
ὀρεινός, hilly.
ὄρθιος, uphill, steep.
ὀρθός, upright; adv. ὀρθῶς, rightly.
ὁρίζω, bound.
ὅριον, boundary, frontier.
ὅρκιον, oath; plur., treaty.
ὁρμάω, start, hurry; mid., start from, use as a base.

ὁρμέω, lie at anchor.
ὁρμίζω, bring to anchor; mid., come to anchor.
ὀρνίθειος, of birds.
ὄρνις (st. ὀρνιθ-), c., bird.
ὅρος, boundary.
ὄρος, n., mountain, hill.
ὄροφος, roof.
ὀρυκτός, dug out.
ὀρχέομαι, dance.
ὄρχησις, f. dancing.
ὅς, ἥ, ὅ, who, which; ἐν ᾧ, while.
ὅσιος, holy, pure; adv. ὁσίως, justly.
ὀσμή, smell.
ὅσος, as great as, as much as, how great, how much; plur., as many as, how many.
ὅσπερ, ἥπερ, ὅπερ, who, which.
ὄσπριον, bean.
ὅστις, ἥτις, ὅ,τι, who, which, whoever, whichever. ὅ,τι, used as adv. to strengthen superlatives. ὅ,τι (or ὅτι) μή, except.
ὀσφραίνομαι (gen.), smell, scent out.
ὅταν, with subj., when, whenever.
ὅτι, that, because.
οὐ, οὐκ, οὐχ, not.
οὗ, where.
οὐδαμόθεν, from no place.
οὐδαμῶς, by no means.
οὐδέ, nor, not even.
οὐδείς, οὐδεμία, οὐδέν, no, no one; n., nothing; adv. οὐδέν, not at all.
οὐδέποτε, never.
οὐδέπω, not yet.
οὐδέτερος, neither of two (individuals); plur., neither side.

οὐκ, *see* οὐ.
οὐκέτι, no longer.
οὖν, therefore, accordingly.
οὗπερ, where.
οὖποτε, never.
οὖπω, not yet.
οὐρανός, heaven.
οὐσία, property.
οὔτε, nor ; οὔτε . . . οὔτε, neither
. . . nor.
οὗτος, αὕτη, τοῦτο, this.
οὕτω, οὕτως, thus.
οὐχ, *see* οὐ.
ὀφείλω, owe.
ὀφθαλμός, eye.
ὄχλος, crowd.
ὀψέ, *adv.*, late.
ὄψις, *f.*, sight, presence.
ὀψωνέω, buy food.

πάγη, trap.
πάθος, *n.*, suffering, disaster,
fall.
παιδεία, bringing up, educa-
tion.
παιδιά, sport, game.
παιδίον, child.
παίζω, play, make fun.
παῖς (*st.* παιδ-), child, boy, son,
servant.
παίω, strike.
πάλαι, of old, long since.
παλαιός, old, aged.
παλαίω, wrestle.
πάλη, wrestling.
πάλιν, back.
πανσέληνος, *f.*, time of full
moon.
πανστρατιᾷ, in full force.
πανταχόθεν, from all sides.
πανταχόσε, in all directions.
πανταχοῦ, everywhere.

παντελῶς, altogether.
παντοδαπός, of every kind.
παντοῖος, of all sorts.
πάνυ, very.
παρά, *prep. w. acc.*, to, con-
trary to, past ; *gen.*, from ;
dat., with, by, at the house of.
παρα-βοηθέω, come in aid.
παρ-αγγέλλω, give orders.
παρα-γίγνομαι, stand beside,
am present, support, arrive.
παρ-άγω, lead past, lead aside,
change the course of.
παράδειγμα, *n.*, model, plan.
παρα-δίδωμι, give over, surren-
der, hand down.
παρ-αινέω (*dat. of person*),
urge, advise.
παρα-κάθ-ημαι, sit beside.
παρα-καλέω, invite.
παρά-κειμαι, lie before (*dat.*).
παρα-κελεύομαι, urge.
παρακέλευσις, *f.*, cheering.
παραλαμβάνω, take.
παρα-λύω, dismiss from (*acc.
and gen.*).
παρ-αμελέω (*gen.*), slight, dis-
regard.
παρα-μυθέομαι, console.
παρανομία, transgression of law.
παραπλησίως, with equal ad-
vantage.
παρασάγγης, parasang (*a Per-
sian measure of distance,
about an hour's march*).
παρα-σκευάζω, prepare.
παρασκευή, armament, force.
παρα-τάσσω *or* -τάττω, draw up
for battle.
παρα-τείνω, stretch out, wear
out.
παρα-τίθημι, set before.

παραυτίκα, at once; ἐν τῷ
  παραυτίκα, at once.
παραχρῆμα, forthwith.
παρειά, cheek.
πάρ-ειμι (εἰμί), am present;
  ἐν τῷ παρόντι, at the present
  time.
πάρ-ειμι (εἶμι), pass by.
παρ-έρχομαι, pass by, come
  forward to speak.
παρ-έχω, afford, cause, give,
  show, render; mid., pre-
  sent, bring forward.
παρ-ίστημι, trans. tenses, place
  beside; intrans. tenses,
  stand beside.
πάροδος, f., passage.
πᾶς, all, every.
πάσχω (fut. πείσομαι, aor.
  ἔπαθον), suffer, experience.
πατήρ (st. πατερ-, gen. πατρός),
  father.
πατρίς (st. πατριδ-), f., father-
  land.
πατρῷος, hereditary.
παύω, stop, depose, dethrone;
  mid. with partic., cease from.
πάχος, n., thickness.
παχύς, thick.
πέδη, fetter.
πεδίον, plain.
πέζός, adj., foot, infantry; land
  (as opposed to a naval force).
πείθω, persuade, convince; mid.
  (dat.), obey, comply with.
πειράομαι, try.
πειστέον, verbal adj. impers. of
  πείθομαι, one must obey.
πέλαγος, n., sea.
πέλεκυς, m., axe.
πελταστής, peltast, light-armed
  foot soldier.

πέμπτος, fifth.
πέμπω, send.
πένης, poor; superl. πενέ-
  στατος.
πενθέω, mourn for.
πενία, poverty.
πέντε, five.
πεντεκαίδεκα, fifteen.
πεντήκοντα, fifty.
πεπρωμένος, fated.
πέραν, adv., on the other side;
  prep. w.gen., across, beyond.
περί, prep. w. acc., round,
  about; gen., about, concern-
  ing, for; dat. about.
περι-βάλλω, embrace.
περιβόητος, notorious.
περίβολος, circuit.
περι-γίγνομαι, overcome, sur-
  vive, escape.
περί-ειμι (εἶμι), come round,
  go round, walk about.
περί-ειμι (εἰμί), survive, sur-
  pass (gen.).
περι-έπω, pay court to.
περίεργος, officious.
περι-έρχομαι, come round, go
  about, walk about.
περι-έχω, surround.
περι-ίλλω, wrap round.
περι-ίστημι, intrans. tenses,
  stand round.
περι-μένω, wait, wait for.
περίοδος, f., cycle.
περι-οράω, overlook, allow.
περι-πατέω, walk about.
περίπατος, walk.
περι-πλέω, sail round.
περίπλους, a sailing round.
περισσός or περιττός, super-
  fluous, excessive.
περι-σώζω, save.

περι-τειχίζω, surround with a wall.

περι-τρέπω, overturn, upset.

περι-τρέχω, run about.

περι-φέρω, carry round, carry about.

περι-φρουρέω, blockade.

περι-χέω, pour round; pass., crowd round.

περσίζω, speak Persian.

περσιστί, adv., in the Persian language.

πέτρα, rock.

πιέζω, press, press hard upon, distress.

πιθανός, influential.

πίθηκος, ape.

πίθος, wine-jar.

πίνω (aor. ἔπιον, perf. πέπωκα), drink.

πίπτω (aor. ἔπεσον), fall.

πιστεύω, believe; with dat., put trust in.

πιστός, faithful, trustworthy; πιστά, pledges.

πλανάομαι, wander.

πλεῖστος, superl. of πολύς, most.

πλείων or πλέων, compar. of πολύς, more; οἱ πλείους, the majority.

πλέω (aor. ἔπλευσα), sail.

πληγή, blow, stroke.

πλῆθος, n., crowd, people; number, quantity.

πλημμελέω, strike a false note.

πλήν, prep. w. gen., except.

πλήρης, full.

πληρόω, fill, man.

πλησιάζω, come near.

πλησιαίτατος, superl. of πλησίος, nearest (dat.).

πλησίον, adv. and prep. w. gen., near; compar. πλησιαίτερον, nearer.

πλήσσω or πλήττω, strike.

πλινθεύομαι, make bricks.

πλίνθος, f., brick.

πλοῖον, ship, specially trading ship.

πλοῦς, voyage.

πλούσιος, rich.

πλουτητέον, verbal adj. impers. of πλουτέω, one must become rich.

πλοῦτος, wealth.

πνεῦμα, n., wind.

ποδαπός, from what country? where born?

ποδεών, m., neck (of a wine skin).

πόθεν, whence?

ποῖ, whither?

ποιέω, do, make; mid., make (peace, friendship, war, &c.); εὖ ποιέω, benefit, do service to.

ποιητής, poet.

ποιμήν (st. ποιμεν-), shepherd.

ποίμνη, flock.

ποῖος, of what sort.

πολέμαρχος, leader in war, Polemarch (title of the third Archon at Athens).

πολεμέω, make war, fight.

πολεμικός, of war; τὸ πολεμικόν, signal for battle, war-cry.

πολέμιος, hostile, enemy.

πόλεμος, war.

πολιορκέω, blockade, besiege.

πολιορκία, blockade.

πόλις, f., city.

πολιτεία, citizenship.

πολίτης, citizen.

πολλάκις, often.
πολύς, πολλή, **πολύ**, much; *plur.*, many; οἱ **πολλοί**, the majority; *adv.* **πολύ**, much; **πολλῷ**, *qualifying comparatives*, much, by far.
πολυχρόνιος, lasting.
πονέω, work, labour.
πονηρός, bad.
πόνος, labour, toil.
πορεία, journey, march.
πορεύομαι (*aor.* ἐπορεύθην), go, march, walk.
πορθέω, plunder, ravage.
πόρρω, far off.
πόρρωθεν, from a distance.
πόσος, how much?
ποταμός, river.
πότε, when?
ποτέ, once, at some time, at any time. τί ποτε, what in the world? what ever?
πότερον, whether.
ποτόν, drink.
ποῦ, where?
που, somewhere, I suppose.
πούς (*st.* ποδ-), *m.*, foot.
πρᾶγμα, *n.*. deed, thing, matter; *plur.*, trouble.
πρανής, head foremost, steep.
πράσσω or πράττω, do, act; *with adv.*, fare.
πρέσβεις, *plur.*, ambassadors.
πρεσβύτερος, older; *superl.* πρεσβύτατος, oldest.
πρίν, *adv. and conj.*, before; τὸ πρίν, formerly.
πρό, *prep. w. gen.*, before, rather than.
προ-αγορεύω, foretell.
προ-άγω, lead forward, induce, incite, prompt.

πρόβατα, *n. plur.*, sheep.
πρόγονος, ancestor.
προ-δίδωμι, betray.
προδοσία, treachery.
προδότης, traitor.
πρό-ειμι, go forward.
προ-ερέω (*aor. partic. pass.* προρρηθείς), say beforehand, ordain.
προ-έχω, surpass, excel, am superior.
προ-θυμέομαι, am eager, am anxious.
προθυμία, eagerness, enthusiasm.
προθυμότατα, *superl. of* προθύμως, very readily.
προ-καλέομαι, invite.
προ-κατα-λαμβάνω, seize beforehand.
προ-κατα-φεύγω, escape.
προ-κινδυνεύω, brave danger for (*gen.*).
προ-λέγω, foretell.
πρό-οιδα, know beforehand.
προοίμιον, preface.
προ-οράω, foresee.
προπάροιθεν, *prep. w. gen.*, before, in front of.
προ-πέμπω, send before.
προ-πίνω, drink to, pledge.
πρός, *prep. w. acc.*, to, against, with, compared with, for; *gen.*, by, from; *dat.*, in addition to, close to, to.
προσ-αιρέομαι, choose as an associate.
προσ-αιτέω, ask besides.
προσ-βαίνω (*acc. or dat.*), go on, mount, scale.
προσ-βάλλω, assault (*dat.*).
προσβατός, accessible.

προσ-βλέπω, look at.

προσβολή, attack.

προσ-γίγνομαι, come to, attach myself, am added.

πρόσ-ειμι, approach.

προσ-επι-γράφω, inscribe further.

προσ-ερείδω, set against, plant against.

προσ-ερέω, address, speak to.

προσ-έρχομαι, approach (dat. of person).

προσ-ήκω, belong to (dat.); οἱ προσήκοντες, relations; προσήκει, impers., it is fitting (dat.).

πρόσθεν, adv., before.

προσ-καθέζομαι, besiege.

προσ-καλέω, call on; mid., call to myself, invite, summon (into court).

προσ-κτάομαι, gain in addition.

προσ-λαμβάνω, take in addition.

προσ-μίγνυμι (aor. προσέμιξα) (dat.), reach, engage in battle with.

προσ-οκέλλω, run aground.

προσ-ορμίζω, bring to anchor; mid., come to anchor.

προσ-πέμπω, send to.

προσ-περονάω, pin on, fasten on.

προσ-πίπτω (dat.), fall upon, attack.

προσ-πλέω, sail to, sail.

προσ-ποιέω, make over; mid., pretend, feign.

προσ-τάσσω or -τάττω, enjoin, give as a command.

προ-στατέω, am steward of (gen.).

προσ-τίθημι, hand over, give

(as a wife), plant against; mid., join to myself, associate with myself.

προσ-τρέχω, run up to (dat.).

προσφερής, like (dat.).

πρόσωπον, face, mask.

προ-τείνω, stretch out.

προτεραία, day before.

πρότερος, former, earlier, sooner than (gen.); adv. πρότερον, formerly, before.

προφήτης, interpreter.

πρύμνα, stern.

πρυτανεία, chief command.

πρῴ, adv., early.

πρῴην, adv., the day before yesterday.

πρωιαίτερον, compar. of πρῴ, earlier.

πρῶτος, first.

πτερόν, wing.

πτηνός, winged.

πυγμή, boxing.

πύλη, gate.

πυνθάνομαι (fut. πεύσομαι, aor. ἐπυθόμην), inquire, learn.

πῦρ (st. πυρ-), n., fire.

πυρά, funeral pyre.

πύργος, tower.

πυρετός, fever.

πύρινος, wheaten.

πυρός, wheat.

πω, yet.

πώγων, beard.

πῶλος, colt.

πώποτε, ever yet.

πῶς, how?

πως, in some way, somehow.

ῥᾴδιος, easy; adv. ῥᾳδίως, easily.

ῥᾴθυμος, idle, lazy.

ῥᾷον, compar. adv. of ῥᾴδιος, more easily.
ῥᾷστος, superl. of ῥᾴδιος, easiest; adv. ῥᾷστα, most easily, most readily.
ῥέω (aor. ἐρρύην), flow.
ῥήγνυμι (aor. ἔρρηξα), burst, break loose.
ῥίπτω, throw.
ῥίς, f., nose; plur. ῥῖνες, nostrils.
ῥοφέω, gulp.
ῥύγχος, n., snout, muzzle.

σακίον, bag.
σάλπιγξ (st. σαλπιγγ-), f., trumpet.
σαλπίζω, sound the trumpet.
σαρκώδης, having flesh.
σατράπης, satrap, Persian governor or viceroy.
σαφῶς, clearly.
σβέννυμι (aor. act. ἔσβεσα, aor. pass. ἐσβέσθην), put out, quench.
σεισμός, earthquake.
σεμνός, holy, solemn.
σεμνύνομαι, am proud, act proudly.
σημαίνω, give a signal, point out, order, warn; seal.
σήμαντρον, seal.
σημεῖον, signal, evidence.
σιγάω, am silent, keep silence.
σιγή, silence; σιγῇ, in silence, secretly.
σιδήριον, weapon of iron.
σίδηρος, iron.
σιτίον (mostly in plur.), food.
σιτοποιός, bread-maker.
σῖτος, corn, food.
σκάπτω, dig.

σκεδάννυμι (perf. partic. pass. ἐσκεδασμένος), scatter, disperse.
σκέλος, n., leg.
σκευή, dress, attire.
σκεῦος, n., implement; plur., baggage.
σκευοφόρος, baggage-carrying, pack (animal).
σκέψομαι, see σκοπέω.
σκηνέω, take up quarters.
σκληρός, hard, rough.
σκόλοψ (st. σκολοπ-), m., splinter.
σκοπέω (fut. σκέψομαι, aor. ἐσκεψάμην), look at, examine.
σκοτεινός, dark.
σκότος, m. and n., darkness.
σκυτάλη, staff.
σκώπτω, jest, make fun.
σμῆνος, n., beehive.
σός, your.
σοφία, wisdom.
σόφισμα, n., device.
σοφιστής, professor, sage.
σοφός, wise.
σπάω (aor. mid. ἐσπασάμην), draw.
σπένδω, pour a drink-offering; mid., make a truce, make a truce for (acc.).
σπονδή, drink-offering; plur., truce, treaty.
σπουδή, haste, energy.
στάδιον (plur. στάδιοι), stade (about two hundred yards).
στεγανός, roofed over.
στέμμα, n., wreath.
στενός, narrow.
στερέω, deprive.
στέφανος, garland.

στεφανόω, crown, wreath.
στέφω (*perf. pass.* ἔστεμμαι), crown, garland.
στολή, robe.
στόμα, *n.*, mouth, opening.
στόμιον, mouth, opening.
στρατεία, expedition.
στράτευμα, *n.*, army.
στρατεύω, march.
στρατηγέω, am general.
στρατηγία, command.
στρατηγός, general.
στρατιά, army.
στρατιώτης, soldier.
στρατοπεδεύομαι, encamp.
στρατόπεδον, camp, army.
στρατός, army, force.
στρῶμα, *n.*, mattress, *plur.*, bedding.
σύ, you.
συγγενής, kindred.
συγ-γίγνομαι (*dat.*), associate with, meet.
συγ-καθ-αιρέω, aid to destroy.
συγ-καλέω, call together, summon, invite.
συγ-κομίζω, bring together, collect, gather.
συκοφαντέω, accuse falsely.
συλ-λαμβάνω, take, arrest, put together.
συλ-λέγω, collect, gather together; *mid.*, meet, get together.
συμ-βαίνω, make an agreement, make peace, surrender, happen; *impers.*, it happens.
συμ-βάλλω, *trans.*, unite; *intrans.*, engage (*in battle*).
σύμβασις, *f.*, arrangement, treaty.
συμ-βουλεύω, advise (*dat.*).

συμμαχία, alliance.
σύμμαχος, *adj.*, allied; *noun*, ally; *fem. adj.* συμμαχίς.
συμ-μετρέομαι, compute, calculate.
συμμέτρησις, *f.*, measurement.
σύμμικτος, compounded, composite.
συμ-πέμπω, send with.
συμ-πλέω, sail with, sail in company.
συμ-ποδίζω, bind.
συμ-πολιορκέω, join in blockading.
συμπότης, boon companion.
συμφορά, misfortune, disaster.
συμ-φωνέω, agree.
σύν, *prep. w. dat.*, with.
συν-άγω, draw together.
συν-απ-όλλυμι, destroy at the same time.
σύνδειπνος, companion at table.
σύν-ειμι (εἶμι), meet.
σύν-ειμι (εἰμί), be with, live with.
συν-εισ-πλέω, sail in with.
συν-επ-αν-ίστημι, *intrans. tenses*, join in revolt.
συνεργός, helper, fellow-workman.
συν-έρχομαι, come together, meet.
συνεχής, continuous.
συνήθεια, habit.
συνήθης, intimate.
συν-θέω, run together.
συν-ίημι, understand.
συν-νέω, pile together, heap up.
σύν-οιδα, am conscious of.
συν-τάσσω *or* -τάττω, draw up in line; *mid.*, close ranks.

συν-τρέχω, run together, gather.

συν-τρίβω, shiver, smash.

σφάγιον, victim.

σφάζω or σφάττω, slay, slaughter.

σφεῖς, see οἶ.

σφοδρός, violent, impulsive.

σχεδόν, nearly.

σχημάτιον, figure (of a dance).

σχολάζω, have spare time, am disengaged.

σχολή, leisure ; κατὰ σχολήν, at one's leisure.

σώζω (aor. pass. ἐσώθην), save. preserve ; pass., escape.

σῶμα, n., body.

σῶς (n. plur. σῶα), safe, un-broken.

σωτηρία, safety.

ταλαιπωρέω, act., suffer hard-ship ; pass., am distressed.

ταλαίπωρος, wretched.

τάλαντον, talent (weight of silver about £240 in value).

ταμίας, steward.

ταπίς (st. ταπιδ-),f., carpet, rug.

τάριχος, n., dried fish.

τάσσω or τάττω (aor. act. ἔταξα, aor. pass. ἐτάχθην, perf. pass. τέταγμαι), arrange, draw up, appoint, command.

ταῦρος, bull.

ταύτῃ, in this place.

τάφος, tomb.

ταφρός, f., ditch.

τάχα, soon.

τάχιστα, superl. of ταχέως, very quickly.

τάχος, n., speed ; ἐν τάχει, κατὰ τάχος, speedily.

ταχύς, quick ; διὰ ταχέων, quickly.

τε, both, and.

τείνω (perf. pass. τέταμαι), stretch.

τειχίζω, fortify.

τείχισμα, n., fort.

τεῖχος, n., wall, fort.

τειχύδριον, small fort.

τεκμαίρομαι, infer, judge.

τεκμήριον, evidence.

τελευταῖος, last. τὸ τελευταῖον, at last.

τελευτάω, trans., complete, finish ; intrans., end, die. τελευτῶν, at last.

τελευτή, end, death.

τελέω (aor. act. ἐτέλεσα, aor. pass. ἐτελέσθην), complete, pay.

τέλος, n., end ; adv., at last.

τέμενος, n., sacred enclo-sure.

τέρπω, please, delight.

τέρψις, f., enjoyment.

τεσσαράκοντα or τετταράκοντα, forty.

τέσσαρες or τέτταρες, four.

τεσσαρεσκαίδεκα or τετταρεσ-καίδεκα, fourteen.

τέταρτος, fourth.

τετρακόσιοι, four hundred.

τέχνη, art.

τέως, for a time.

τήκω, melt.

τηρέω, watch for, wait for.

τίθημι (aor. act. ἔθηκα, 3rd plur. ἔθεσαν, aor. infin. act. θεῖναι, aor. infin mid. θέσθαι), place.

τιμάω, honour.

τιμή, honour.

τιμωρέω, help (dat.); mid.,
  punish.
τιμωρία, help, penalty.
τίς, τί, who? what? adv. τί,
  why?
τις, τι, some, any; some one,
  any one. adv. τι, in any
  way.
τοίνυν, accordingly.
τοιόσδε, τοιάδε, τοιόνδε, such as
  follows, such.
τοιοῦτος, τοιαύτη, τοιοῦτο, such.
τοῖχος, wall, side.
τοκεύς, parent.
τόλμα, boldness, courage.
τολμάω, dare.
τόξευμα, n., arrow.
τοξεύω, shoot arrows.
τοξότης, archer.
τόπος, place.
τοσοῦτος, τοσαύτη, τοσοῦτο, so
  great, so much; plur., so
  many; τοσοῦτος ὅσος, as
  much as.
τότε, then.
τράγος, goat.
τράπεζα, table.
τραῦμα, n., wound.
τραυματίζω, wound.
τρεῖς, τρία, three.
τρέπω, trans., turn, put to
  flight; mid. intrans., turn,
  turn in flight.
τρέφω (aor. ἔθρεψα), feed, rear,
  keep.
τρέχω (aor. ἔδραμον, perf.
  δεδράμηκα), run.
τριάκοντα, thirty.
τριακόσιοι, three hundred.
τρίβω, pound, bruise.
τριήραρχος, captain of a tri-
  reme.

τριήρης, f., trireme.
τρίπους (st. τριποδ-), m., tripod,
  three-legged table.
τρίς, thrice.
τρίτος, third.
τριχοίνικος, three-quart.
τροπαῖον, trophy.
τρόπος, manner, way.
τρυφή, luxury.
τρωτός, vulnerable.
τυγχάνω (fut. τεύξομαι, aor.
  ἔτυχον), with gen., hit, get,
  gain; with partic., happen.
τύπτω, strike, beat.
τυραννεύω (gen.), am despot of,
  rule.
τυραννίς, f., despotism, tyranny.
τύραννος, despot, ruler.
τυρός, cheese.
τυφλός, blind.
τύχη, fortune, chance.

ὑγιαίνω, am healthy, am sound.
ὑγιεινός, healthy.
ὑγιής, sound, fresh.
ὑδροφορέω, fetch water.
ὑδροφόρος, c., water-carrier.
ὕδωρ (st. ὑδατ-), n., water, rain.
ὑετός, rain.
υἱός (nom. plur. υἱεῖς), son.
ὕλη, wood.
ὑλώδης, wooded.
ὑμέτερος, your.
ὑμνέω, sing, tell of.
ὑπ-άρχω, am, am ready, exist,
  remain.
ὑπεναντίος, opposed.
ὑπέρ, prep. w. acc., over, be-
  yond; gen., over, on behalf
  of, for.
ὑπερ-βαίνω, go over, cross.

ὑπερ-ήδομαι, am exceedingly pleased.

ὑπήκοος, subject.

ὑπηρέτης, servant.

ὑπ-ισχνέομαι (aor. ὑπεσχόμην), promise.

ὕπνος, sleep.

ὑπό, prep. w. acc., under (motion), about, towards; gen., by, at the hands of, in consequence of, under; dat., under.

ὑποδεής, inferior.

ὑπόδημα, n., shoe.

ὑποδίφθερος, clothed in skins.

ὑποζύγιον, beast of burden.

ὑπο-λαμβάνω, take up, suppose, reply, interrupt.

ὑπόπτης, suspicious.

ὕποπτος, suspected.

ὑπο-σκάζω, halt, limp.

ὑπόσπονδος, adj., under treaty.

ὑπο-στρέφω, turn about, turn away.

ὑπόσχεσις, f., promise.

ὑπο-τοπέω, suspect, surmise.

ὑποχείριος, subject.

ὑπο-χωρέω, withdraw, retire.

ὑποψία, suspicion.

ὕστατος, last; adv. ὕστατον, for the last time.

ὑστεραία, next day.

ὑστερέω, am late.

ὕστερος, later; adv. ὕστερον, afterwards.

ὑφ-ίστημι, intrans. tenses, promise; mid., submit to, undertake.

ὕφυδρος, under the water.

ὑψηλός, high.

ὕω, send rain, rain.

φαίνω (aor. pass. ἐφάνην), show; mid. and pass., seem, appear.

φανερός, clear, visible, evident, distinguished.

φάρμακον, drug, poison.

φαρμακοποσία, drinking of medicine.

φάσκω, assert.

φαῦλος, common, of little account.

φείδομαι, spare (gen.).

φέρω (aor. act. ἤνεγκον or ἤνεγκα, aor. pass. ἠνέχθην), carry, bring, bear, lead (of a road).

φεῦ, alas.

φεύγω (aor. ἔφυγον), flee, am banished.

φημί (3rd plur. pres. indic. φασί, 3rd plur. imperf. ἔφασαν), say.

φθάνω (aor. indic. ἔφθασα, aor. infin. φθάσαι or φθῆναι), anticipate, am first.

φθέγγομαι, utter.

φθείρω (aor. pass. ἐφθάρην, perf. pass. ἔφθαρμαι), destroy, ravage.

φθίνω, pine away.

φθονέω (dat. of person and gen. of thing), grudge.

φιάλη, cup.

φιλέω, love, kiss, like, am wont to.

φιλία, friendship.

φίλος, adj., loved, dear; noun, friend.

φιλόσοφος, philosopher.

φιλοφρονέομαι, welcome, entertain.

φοβερός, terrible, formidable.

φοβέω, frighten, scare; mid. and pass. (aor. ἐφοβήθην), fear.

φοιτάω, go (again and again).

φορέω, wear, carry.

φορτίον, burden.

φρέαρ, n. (st. φρεατ-), n., well.

φρήν (st. φρεν-), f., mind (often in plur.).

φρόνιμος, wise.

φροντίς (st. φροντιδ-), f., care, thought.

φυγάς (st. φυγαδ-), exile.

φυγή, flight.

φυλακή, guard, garrison, custody.

φυλακτήριον, fort.

φύλαξ (st. φυλακ-), m., guard.

φυλάσσω or φυλάττω, guard, keep safe, watch; mid., beware of, shun.

φυλή, tribe.

φύσις, f., nature, appearance, looks.

φωνέω, speak.

φωνή, voice, speech.

φώρ (st. φωρ-), thief.

φῶς (st. φωτ-), n., light.

χαίρω, rejoice; χαίρων, with impunity; χαῖρε, hail, farewell.

χαλεπαίνω, am angry, am angry with (dat.).

χαλεπός, rough, difficult, severe, angry; adv. χαλεπῶς, hardly, with difficulty, angrily; with φέρω, am angry at.

χαλκοῦς, of bronze or copper.

χαρίζομαι (dat.), show favour to, gratify, indulge.

χάσμα, n., gap.

χεῖλος, n., edge.

χειμερινός, stormy.

χειμών (st. χειμων-), m., winter, storm.

χείρ (st. χειρ-), f., hand; εἰς χεῖρας ἐλθεῖν or ἰέναι, engage with (dat.).

χειρονομέω, gesticulate.

χελώνη, tortoise.

χερσαῖος, living on dry land, of the land.

χθές, yesterday.

χιλιετής, of a thousand years.

χιλός, fodder, grass.

χιών (st. χιον-), f., snow.

χοίρειος, of the pig.

χράω, give an answer (of oracles); mid. (dat.), use, experience, enjoy, consult (an oracle).

χρή, impers., it is right, one ought.

χρῄζω, wish.

χρῆμα, n., thing; plur., money, goods.

χρήσιμος, useful.

χρησμός, answer of an oracle, oracle.

χρηστήριον, oracle.

χρηστός, good, useful, wholesome.

χρόνος, time.

χρυσίον, a piece of gold, gold.

χρῶμα, n., complexion.

χωλός, lame.

χώρα, place, position, post, country.

χωρέω, go, come.

χωρίον, place, fort.

χωρίς, prep. w. gen., apart from without

ψευδής, false.
ψεύδομαι, speak falsely, lie.
ψεῦδος, n., falsehood.
ψηφίζομαι, vote.
ψῆφος, f., vote.
ψιλός, bare; οἱ ψιλοί, light-armed troops.
ψόφος, noise.
ψυχή, life, soul.
ψῦχος, n., cold, frost.

ὦ, oh !
ὧδε, thus, as follows.
ᾠδικός, musical.
ὠθέω, thrust, push.
ὠκύς, swift.

ὠμοβόειος, made of raw ox-hide.
ὠμος, raw.
ὠνέομαι, buy.
ὥρα, time.
ὡς, conj., as, when, that, in order that, how; adv. used to strengthen superlatives, and with participles to express feeling or purpose.
ὧς, adv., thus, in the phrase οὐδὲ ὧς, not even thus.
ὡσαύτως, in like manner.
ὥσπερ, just as.
ὥστε, so that, so as to.
ὠφελέω, help.

PRINTED IN GREAT BRITAIN
AT THE UNIVERSITY PRESS, OXFORD
BY VIVIAN RIDLER
PRINTER TO THE UNIVERSITY